안녕하세요！

首爾

旅遊 新 情報

2024~25 最新版

Joyce Cheuk 著

知出版

自序
PREFACE

首爾生活節奏快，潮流變化大，每隔半年再到訪這個地方，總會遇上新鮮事和新驚喜！

2023 年出版的《首爾旅遊新情報 2023~24》，帶大家認識首爾的最新面貌，今次繼續以我的視覺和觀察，帶大家逐一看看 2024 年最新首爾和周邊的新鮮事，同時新增漢江以南的部分，一同探索新沙洞、狎鷗亭、三成洞、永登浦、汝矣島等。

希望大家在這本書可以找到對首爾的新感覺，快來安排一個不只有食買玩，而且有趣、貼地及玩味十足的韓國之旅吧！

Joyce Cheuk

目錄
CONTENTS

三清洞·
北村
p.22

仁寺洞·安國·
益善洞·鐘路
p.44

明洞·
會賢
p.64

聖水洞
p.82

地鐵5號線

地鐵2號線

地鐵3號線

漢南洞
p.98

狎鷗亭
p.152

新沙洞
p.152

三成洞
p.174

首爾鐵道路線圖可掃
描下方 QR code。

最 新 遊 韓 的 9 項 須 知

最新入境韓國防疫政策

韓國入境最新規定，從 2024 年 1 月 11 日起，持有香港特區或 BNO 護照的旅客**毋須申請 K-ETA**（Korea Electronic Travel Authorization）就可以免簽證入境韓國，但在入境時仍需要填寫韓國入境資料（紙本韓國入境卡）。自 2023 年 5 月起如果沒有需要申報海關的物品，就不需要填寫並提交海關申報單，如有申報需求，自 7 月起也開放線上填寫申報及繳交稅金。

韓國從 2024 年 1 月起也取消旅客填寫入境檢疫用的 Q-code 申報健康，完全免除檢疫手續。惟出入境和檢疫政策會因應情況而有改變，建議出發前到以下網站查看最新資訊。

韓國疾病管理廳網址　　www.kdca.go.kr
K-ETA 網址　　www.k-eta.go.kr

交通及排隊 App

1 高速巴士 / 市外巴士連結 T-money：Tmoney GO

可查詢市外巴士時間表的手機軟件，如有韓國銀行發行的信用卡更可直接以 App 購買車票，當然也可以到巴士站售票處和自動售票機購買。上車後會以人手查票或掃 QR Code 對票。

註：2023 年 3 月 1 日起大部分市內巴士都不收現金，所以交通卡 T-money 一定一定一定要有足夠充值。

2 專為外國遊客而設的的士 App TABA

2024 年 1 月啟用，目前支援英文、中文（簡體、繁體）、日文、泰文，預計 2024 年上半年更會新增越南文、印尼文、俄文等。外國旅客可透過自己所屬國家使用的電話號碼進行簡單認證，利用海外發行的信用卡結賬，便可享用召車服務。

3 預約餐廳 App

Catch Table Global：Catch Table 原本只有韓國版，只供有實名登記電話號碼的人使用，不久前推出了海外版，以 Google / Apple account 就可以登記，部分餐廳也接受以海外信用卡預付預約金進行預約。

Tabling：很多餐廳門外都有一個 Tabling Kiosk 以作取號之用，有了 App 版就更方便了。

4 KTX 鐵路 App

可點對點查詢所有鐵路路線及時間表，包括 KTX、ITX、無窮花號等路線。

兌換韓圜新方法

1 找換店

在明洞的大使館、一品香等旅客熟知的找換店兌換。

2 海外 ATM 提款

如果身上的韓幣都用完,如何是好?記得**出發前開通提款卡的海外提款功能**,就可以在韓國各大銀行有標明 Global ATM 的櫃員機提取韓幣。筆者常常都是提取 100 萬韓幣(約 6,000 港幣),手續費由發卡銀行一次性收取。

友行銀行 Global ATM。　　　有標註 Global ATM 的櫃員機基本都可提款。

3 Money Box Exchange

Money Box 主要有 Money Exchange
(兌換所)和 Money 24h(無人兌換機)。

Money Exchange 遍佈韓國主要城市如
首爾、釜山、光州和京畿道地區,之後
還將推出網上兌換及海外小額匯款,須
持護照、身份證或外國人身份證來兌換
外匯。Money 24h 換錢簡單易用,可兌
換 16 個國家的貨幣。

建議可以上網先參考匯率:https://moneybox-exchange.com/zh-cht/contact-us。

4 Cashmallow App

Cashmallow 的優點是不僅可利用香港銀行戶口申請，而且在 App 申請韓元，成功匯款後會每 ₩ 300,000 為一個暫存錢包，可以搜尋最近的便利店 ATM 櫃員機提款。

透過 App 可以即時查看匯率，手續費為每次 HK$10。

筆者實測：申請匯款、入帳和上載入數記錄後，大概 30 分鐘至 1 小時就收到到帳通知。

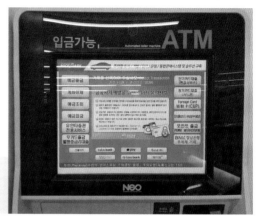

便利店 ATM 櫃員機。

申請步驟：

① 以個人帳號密碼登入。

② 在首頁選擇「海外匯款（송금）」。

③ 輸入想匯款的金額（每次最多可兌換 ₩ 900,000），實際金額及手續費會自動計算，也可當成匯率計算機使用。

④ 確認匯款資料正確後提交匯款申請。

⑤ 選擇 Cashmallow 的銀行。

⑥ 確認金額及銀行資料。

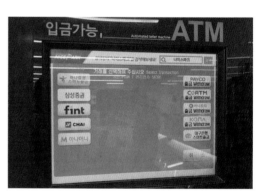

Cashmallow 設四個提款系統。

⑦ 在 Online Banking 或 ATM 匯款到 Cashmallow 帳戶。

⑧ 一小時內上傳匯款收據。

提款程序：

① 在 App 選擇「提領」。

② 以 GPS 搜尋就近便利店。

③ 確認 ATM 畫面左上角的 ATM 系統名稱。

④ 取錢前先看一下 ATM 的系統名稱，及 App 內的操作說明。

註：以上經銀行、找換店、金融機構及行動支付或錢包兌換現金的使用條例存在風險，須事前自行仔細了解。以上陳述只屬發稿前筆者實際使用經驗，不存在任何廣告成分。

5 WOWPASS

WOW Exchange 可利用外幣兌換韓元現金或儲在 WOWPASS card 當扣賬卡使用。

外國人都可以用的扣賬卡 WOWPASS

Step 1. 於韓國自動換錢機購買 WOWPASS 卡，70 多台自動換錢機設於明洞站、弘大站、江南站、高速巴士站、金浦機場站等首爾主要地鐵站及酒店等。

Step 2. 安裝 WOWPASS App，登記已購買的 WOWPASS 卡，可確認消費紀錄及餘額。

Step 3. 於韓國各地使用卡後，會透過 App 接收通知。此外亦可於 App 確認各種品牌的特別現金回贈。

Step 4. WOWPASS 卡內含 T-money，只要為 T-money 加值，便可當成交通卡乘搭交通工具。

Step 5. 離境前，於自動換錢機將餘額提取現金。

網址　https://www.wowpass.io/

WOW Exchange 自動發售機，準備好護照，即可購買 WOWPASS 卡。

一卡在手，如同當地扣賬卡一樣使用。

無現金化乘車：T-money 交通卡

首爾於 2023 年 3 月正式公佈要開始施行無現金政策，逐步從市中心巴士開始推行只能使用交通卡搭乘，不再收現金，所以大家緊記 T-money 交通卡要常滿。

加上 T-money 交通卡設有換乘優惠，在下車後的 30 分鐘內換乘便可（21:00~ 07:00 可延長為 60 分鐘內換乘），最多可以換乘 4 次。換乘優惠適用於地鐵換巴士，或者巴士換巴士，只要是「路線編號」不同即可；不過不適用於地鐵換地鐵。

T-money 售票處：全國貼有 T-money 標誌的便利店。

韓國當地地圖 App 更準更方便

雖然當地地圖 App 以韓文標示，但更新的資料較實時，使用時可以 Copy & Paste 或直接輸入韓文。2023 年開始，KakaoMap 設有英文版，雖然暫時不是 100% 全英文，但已比從前容易使用得多。

1 Naver Map

常用地圖 App 之一，電腦版更有單車地圖。

2 KakaoMap

可連 KakaoTaxi 使用，如有韓國手機號碼可直接召的士，就算沒有韓國手機，也可以大約知道行車所需時間、車費等資料作參考。

Naver Map

地圖 App 特點：

❶ 可點對點查閱前往方式，包括步行、公共交通工具及的士路線。
❷ 單車可行路線。
❸ 乘的士預計所需車資及時間。

KakaoMap

用 KTX 遊歷全國

往來韓國各城市的便利交通方式之一就是火車。韓國的火車依速度和設施分為高速列車 KTX、KTX 山川、新村號、ITX 新村號、無窮花號、Nuriro 號，車資各異。

KORAIL Pass（Korea Rail Pass）是遊客能使用的韓國火車通行證，可以按旅行日數選擇（2、3、4 及 5 日），在規定日數內可不限次數乘搭 KTX 等一般列車以及 5 種特定觀光列車。

遊客可透過海外經銷處或 Let's Korail（韓國鐵道公社）網站訂購 KORAIL Pass 兌換券（e-Ticket），抵達韓國後持兌換券於仁川機場或韓國主要火車站兌換 KORAIL Pass，再預留指定班次座位。KORAIL Pass 可能在春節、中秋節等特別日子禁止使用，而且在升級特等車廂時會追加費用，請事前於 Let's Korail 網站上確認。

以內陸機作城市遊更方便

筆者多用內陸機（國內線）穿梭各城市，如金浦－濟州、金浦－金海、金海－濟州、金浦－大邱等，有時按出行的地點和時間，可能會比 KTX 更便宜、更快。

以金浦機場為例：

🔵 **抵達客運大樓**
辦理報到服務在航班出發前 30 分鐘結束。請在航班出發前最少 1 小時抵達機場並完成登機手續。

❷ 發出登機證：可通過網上辦理登機手續或在機場櫃位領取。如果只有手提行李，自助取登機證後可以直接到安檢。

❸ 託運行李：於自助行李託運機或機場櫃台辦理。

❹ 保安檢查：向出發區入口處保安人員出示登機證和護照，通過保安檢查，然後前往登機閘口。

❺ 登機：如有，請將手機登機證儲存於手機內。航班於出發前 20 分鐘開始登機，並在出發前 10 分鐘停止登機。

最新退稅須知

2024 年 1 月起，外國遊客在事後免稅店消費滿 ₩15,000，便可在出境時在退稅機取回已包含在物品價格中的附加價值稅與個別消費稅。此外在免稅認證門市購物滿指定金額，即可即場辦理退稅。

有關退稅事項

事後退稅條件

單筆消費滿 ₩15,000，且自購買日起，預計於 3 個月內出境的下列身份者適用事後退稅制度，包括入境滯留期間未滿 6 個月的外國人，以及於海外居住 2 年以上或持有海外永住權並於韓國居住期間未滿 3 個月之韓國海外僑胞。

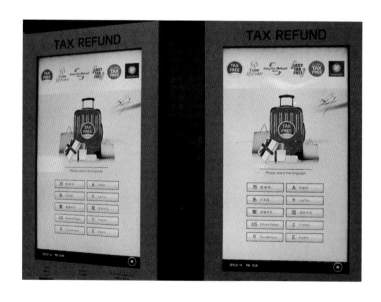

寄存行李

領取行李時須出示收據，記緊妥善保管。

旅遊期間，搭凌晨機早到或者搬酒店要處置行李是常有之事，又或者 Shopping 買得多，想暫存戰利品再輕鬆逛街，多會使用地鐵站儲物櫃，不過時常會遇到爆滿的情況，這在首爾站尤其常見。

大家不用擔心，首爾站設有 T luggage 行李寄存服務。其他主要地鐵站也有分店，可事前查看地點。不過切記要在當天營業時間（22:00 止）前領取。

T luggage 網址

首爾站的 T luggage。

德壽宮惇德殿 돈덕전

德壽宮惇德殿在大韓帝國時期是作為外交公館所使用的地方，所以在歷史上有重大意義。

地址	首爾市中區世宗大路 99（서울시 중구 세종대로 99）
開放時間	09:00~20:00
休息	星期一
費用	成人 ₩ 1,000、小童 ₩ 800
交通方式	地鐵 1 號線市廳站 2 號出口直達

經過重建的惇德殿在保留韓國作為外交中心的意義同時，也將內部改裝成展示室、圖書室及文化藝術活動空間。

從外圍看德壽宮惇德殿。圍繞着德壽宮的石牆路曾於韓劇《鬼怪》中出現。

文化財廳於 2017 年憑發掘出的建築物瓦片及磚頭，推測當時惇德殿所在位置和外觀，再着手重新建造，並於 2022 年 11 月結束全部工程，2023 年 9 月正式開館。惇德殿的一樓和二樓是不同的文物展示空間、影像展示空間、圖書室、文化藝術活動空間等，可在此一覽大韓帝國外交歷史的相關文物，也有常設展覽和特備展覽等。

惇德殿歷史

惇德殿是位於德壽宮石造殿後方的一幢兩層西洋式建築，是高宗（1863 年~1907 年在位）為慶祝即位 40 年而建，其後也作外交場所及迎賓館使用。據悉，惇德殿在 20 世紀 20 年代後幾乎沒有再被使用，後來更被日本殖民者拆毀。

研究人員對惇德殿的挖掘調查進行到 2017 年，2018 年起啟動重建的惇德殿在經過 6 年的修繕後重新將歷史帶回人們面前。重建後的惇德殿，外觀以紅色磚頭和青色窗框為主，綴以象徵皇室的李花裝潢欄杆，和圓錐形的尖塔。

最值得一提是，館內的展示運用了很多的高科技，以新角度呈現和還原當時的實況。

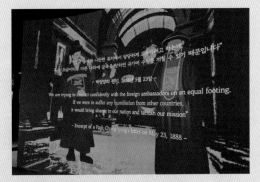

大部分展覽都有韓文及英文說明。

同場加映

德壽宮特色看點

1. 德壽宮是韓國唯一一個融合西洋建築的宮殿，也是韓國最後一個宮殿。

2. 德壽宮是市內賞楓最佳地點之一，連同宮外的德壽宮石牆路也是賞楓賞銀杏的好去處。

3. 德壽宮王宮守門將換崗儀式時間：11:00~11:30、14:00~14:30、15:30~16:00。

德壽宮外的石牆被譽為韓國最美的小路。

德壽宮王宮守門將換崗儀式。

國立現代美術館（국립현대미술관덕수궁）位於德壽宮內，昔日曾是石造殿，當時主要用作接待外賓。現設有多個常設及特別展覽。

免費俯瞰德壽宮

貞洞展望台（전동전망대）位於首爾市廳西小門政府大樓 13 樓，同層還有咖啡廳和展示廳，免費入場。

從貞洞展望台俯瞰整個德壽宮，秋天可順道賞楓。

地址　　首爾市中區德壽宮街 15（서울시 중구 덕수궁길 15）
營業時間　09:00~18:00
交通方式　地鐵 1、2 號線市廳站 11 號出口步行 1 分鐘

13 樓貞洞展望台咖啡廳。

塗鴉秀 The Painters

2023 年
RENEW

自 2023 年全新推出塗鴉秀 The Painters Season 2，即成為韓國人氣藝術文化公演之一。塗鴉秀 The Painters 突破語言界限，現場表演美術作畫，是以不同舞台和數碼技術，結合幽默及舞蹈的表演方式。演員把繪畫的過程，透過輕鬆活潑的喜劇、默劇或舞蹈形式展現，打造出獨具特色的舞台劇。2019 年演員們還登上亞洲達人秀第三季（AsiasGotTalent）的舞台，拿到很不錯的名次，揚威海外！

The Painters Kyunghyang Arthill

地址	首爾市中區貞洞路 3 京鄉藝術廳 1 樓（서울시 중구 정동길 3）
票價	R Ticket ₩ 50,000、VIP Ticket ₩ 70,000
交通方式	地鐵 5 號線西大門站 5 號出口

The Painters Myungbo Arthall

地址	首爾市中區乾川路 47 明寶藝術廳 3 樓（서울시 중구 을지로동 마른내로 47）
票價	R Ticket ₩ 50,000、VIP Ticket ₩ 70,000
交通方式	地鐵 1、3、5 號線鐘路三街 8 號出口
演出時間	17:00、20:00
演出總長	75 分鐘
網址	www.thepainters.co.kr 或 www.instagram.com/Painters_Official

注意表演期間嚴禁拍攝及錄影，直到最後謝幕時設有 Photo time。

不管是韓國人或是遊客，看過的人都喜歡以這種方式體驗韓國娛樂文化。筆者今次帶了好朋友一家觀看，發現全場 75 分鐘沒有悶場，當中更有不少互動，就算不懂韓文也可以與演員互動交流。全場表演結束後，觀眾可以到場外與演員合照，留下美好回憶。

此行程適合親子遊，小朋友在觀看時非常投入。

喜歡的話可順道購買 The painters 紀念品。

全場表演結束後，觀眾可到場外與演員合照。

小貼士

票務

1. 可直接到劇場購買或到官網 www.
   thepainters.co.kr 購買
2. 透過 KKday、Klook 等網站預購（不時
   有優惠）

美妝體驗
Beauty Play

Beauty Play 弘大店

Beauty Play 是得韓國保健福利部支援，並獲韓國化妝品產業研究院認可的韓式美容體驗宣傳館，同時以不定期的快閃計劃來振興韓國中小型化妝品店。暫時設有明洞店及新開的弘大店。

2024 年 2 月 OPEN
弘大店

地址　首爾市麻浦區 Jandari 路 16 號 2~5 樓（서울시 마포구 잔다리로 16 태성빌딩 2~5 층）

營業時間　星期一至六 10:00~19:00（美容體驗 10:00~18:00）

休息日期　星期日

網址　beautyplay.kr 或 www.instagram.com/beautyplay.global/

交通方式　地鐵 2 號線弘益大學站 9 號出口步行 10 分鐘

現場所見訪客來自不同國家，如果遇上比較多人，免費體驗項目就需要排隊輪候，由於每項只需時 10 至 15 分鐘，所以也不用等太久。

弘大店甫開幕即受本地及海外旅客、美妝博主歡迎。位於大廈 2 至 5 樓，在 2 樓可以免費體驗簡易的 Personal Colour Test 個人色彩診斷，3 樓可以免費體驗皮膚測試及不同部位的化妝體驗（眼部、底妝或唇妝），每項體驗需時 10 至 15 分鐘，**毋須事先預約**。

2 樓及 3 樓的公共空間備有多款 K Beauty 產品，包括韓國中小企業的美容產品和快閃計劃品牌，訪客參與快閃活動，更可獲得特別折扣優惠及贈品。

免費 Personal Colour Test 個人色彩診斷，可使用英語操作。

館內擺放不少美妝產品，來自多個韓國中小企業品牌。

免費皮膚測試，建議大家素顏或化淡妝，當然素顏相對準確。現場有不同的化妝品可試用，測試後再化個美美的全妝絕對沒問題！

進行皮膚測試後，職員會逐一講解皮膚狀況。

測試結果會發送到已登記的電郵地址，內容除了解說適合的顏色和避開使用的顏色，也對妝容、衣着搭配、髮型等都有建議。

免費化妝體驗，可在眼部、底妝或唇妝體驗中三選一。

小貼士

在韓國訪問有關美容、美妝、Personal Colour Test 非常多，價格上當然有差異，如果想作初步體驗和了解，Beauty Play 是不錯的選擇。想學習多點 K Beauty 的知識，可以多留意官網，Beauty Play 4 樓有各種免費或收費課程。

美妝體驗 Beauty Play

明洞店

Beauty Play 明洞店有各款含優質成分的美妝產品，可以解決不同肌膚問題。訪客可以在體驗區試用 30 個以上美妝品牌、超過 100 種美妝產品，無論是護膚、護臉還是護髮均備。根據不同季節，Beauty Play 每兩個月就會更換陳列產品，想徹底感受時刻在變化的 K Beauty 趨勢及流行商品，還有不定期的彩妝講座，就要多留意官方公告。

地址	首爾市中區明洞街 73 3 樓（서울시 중구 명동길 73 3 층）
營業時間	星期一至六 10:00~19:00
休息日期	星期日
電話	0507-1360-9675
網址	beautyplay.kr 或 www.instagram.com/beautyplay.global/
交通方式	地鐵 4 號線明洞站 9 號出口，明洞聖堂對面

讓人開心試用的美妝體驗區，也設有皮膚測試，可了解自己皮膚年齡、皮膚水分彈性及色素沉澱程度。

嚴選 Made in Korea 的韓國品牌產品。

明洞店也設有 Personal Color 個人色彩診斷服務，能找出最適合自己的色感，包括底妝、眼影、眼線、唇色、髮色以至衣服色彩風格。

即場登記個人資料，可免費接受專業化妝服務，導師邊教邊化，客人在鏡前邊看邊學。

지
도
MAP

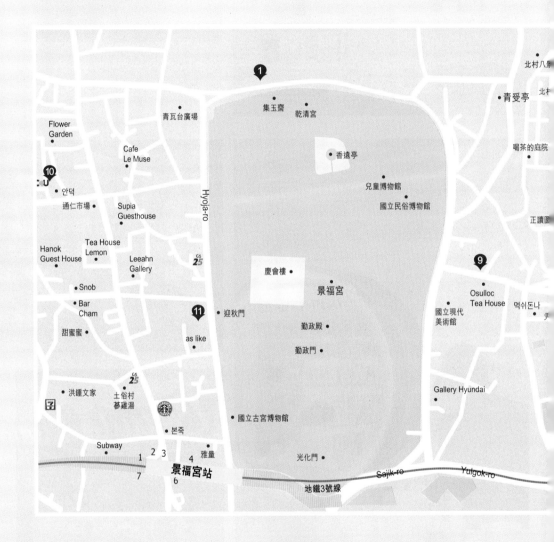

北村八景
青受亭
北村
喝茶的庭院

① 青瓦台
青瓦台廣場
Flower Garden
Cafe Le Muse
⑩
안덕
通仁市場
Supia Guesthouse
Hanok Guest House
Tea House Lemon
Leeahn Gallery
Snob
Bar Cham
甜蜜蜜
⑪
as like
洪鍾文家
⑦
土俗村 蔘雞湯
본죽
Subway
1 2 3   4
7   6
景福宮站

集玉齋 乾清宮
香遠亭
兒童博物館
國立民俗博物館
正讀圖

Hyoja-ro
GS25

慶會樓
景福宮
迎秋門
勤政殿
勤政門

⑨
Osulloc Tea House
먹쉬돈나
手
國立現代 美術館

Gallery Hyundai

國立古宮博物館
雅量
光化門
Sajik-ro   Yulgok-ro
地鐵3號線

① 青瓦台 ② 韓食文化空間 ③ 傳統酒酒廊 ④ 大瓦房醬蟹 ⑤ Randy's Donuts
⑥ 充滿情的菜包肉 ⑦ 首爾工藝博物館 ⑧ Cafe Onion Anguk ⑨ Blue bottle
⑩ 西村村莊上村齋 ⑪ 通義洞保安旅館複合藝廊文化空間

三清洞、北村、西村三個區域有一個共通點，就是可以在城市中享受片刻寧靜。

有別於一般熱鬧旅遊區，西村與景福宮有一條馬路之隔，是從前文官、譯官、醫官、工匠居住的地方，當年曾經作有限度發展；所以在這裏可以找到特別的書卷氣息、寧靜氛圍和與繁忙都市不一樣的悠閒感覺。這一區獨有的韓國傳統靈氣，吸引了不少韓國和海外品牌在韓屋建築內開設 Pop up store；所以即使你曾到訪這區，下一次前來也可以找到新鮮事。

三清洞・西村・北村

삼청동 · 서촌마을 · 북촌

交 通 方 式

弘益大學站	明洞站	東大門歷史文化公園站
↓ 地鐵 2 號線	↓ 地鐵 4 號線	↓ 地鐵 2 號線
乙支路三街站	忠武路站	乙支路三街站
↓ 地鐵 3 號線	↓ 地鐵 3 號線	↓ 地鐵 3 號線

安國站 / 景福宮站

「青瓦台，回到國民的懷抱中（청와대，국민품으로）。」

三清洞・西村・北村 ── 2022 年 5 月 OPEN

青瓦台
청와대

青瓦台（청와대）為大韓民國歷史古蹟，於 1948 年至 2022 年間為**總統府**所在，是韓國最高權力象徵。

由 2022 年 5 月 10 日起，韓國總統尹錫悅將總統府遷至龍山總統辦公室，把青瓦台**完全對外開放**，讓國民及遊客可以親身踏入貫通過去、現在和未來的歷史文化空間，開啟新時代。

地址	首爾市鐘路區青瓦台路 1 號（서울시 종로구 청와대로 1）
開放時間	（3~11 月）09:00~18:00（12~2 月）09:00~17:30（最後入場為關門前半小時）
休息日	星期二（如遇公休照常開放，翌日休館）
參觀時段	09:00、10:30、12:00、13:30、15:00、16:30
預約方法	可提早一個月登錄青瓦台參觀預約系統預約，但須有韓國手機號碼。或可到正門的綜合服務處申請，參觀時間為 09:00 及 13:30，名額各 500 個。
網址	www.opencheongwadae.kr
交通方式	地鐵 3 號線景福宮站 5 號出口步行約 10 分鐘

註：青瓦台提供免費接駁車予行動不便人士，在鐘路區廳或韓國日報社站下車。2023 年 11 月 9 日前設有循環路線巴士，起點為景福宮站（孝子路入口）。

忠武室：舉行任命狀頒發儀式及會議的地方，也是接待外賓、舉辦晚宴及表演的場所。

青瓦台後方是北嶽山，可以從光化門起步前往，以悠閒的登山方式探索歷史和文化。

筆者第一次申請參觀青瓦台是 2014 年在韓國工作假期期間，當年除了需要以護照申請、名額為每天 20 人之外，整個參觀路線只能跟着安排，不可亂走，也不可亂拍照。來到今天，一切都開放了！終於可以一探在韓國電影、韓劇和新聞中常見的青瓦台各處。

青瓦台本館（Main Building）

青瓦台中的青瓦，是指青瓦台主樓上的瓦片，是顯著的特徵。據官方資料，主樓以十五萬枚青瓦片鋪蓋而成，以獨特的韓國燒窯燒製。有別於一般韓屋上的炭黑色瓦片，本館以青瓦片和白色為主色調，外觀高雅，加上背靠北嶽山，成為大韓民國獨一無二的象徵。

本館於 1991 年建成，共有兩層，1 樓為總統夫人的辦公室和會議室，2 樓是總統辦公室。

總統辦公室：除了有處理日常職務的辦公室，也設有會客室。

掛有歷代總統的油畫。

無窮花室：總統夫人辦公室，以白色為主調，會客為主，掛有歷代總統夫人的照片。

迎賓館（Yeongbinwan）

本館左側為迎賓館，於 1978 年建成，是用以招待來賓，與外國首腦舉行會議等官方活動的地方。

春秋館（Chunchugwan）

位於本館右側，房頂用傳統的陶瓦做成，是青瓦台的新聞中心。同樣是兩層建築，1 樓為記者辦公室、採訪間，而 2 樓是總統舉行新聞發佈會的地方。

以認證韓國手機號碼輸入個人資料，然後送出申請。成功後會立即收到短訊通知，點入網址即會出現 QR Code，截圖並保存。到場後向工作人員出示 QR Code 便可入場。電腦也是同樣操作。

常春齋（Sangchunjae）

1983 年建成，是青瓦台內首個傳統韓式建築，用作接見外賓及舉行內部會議。

綠地園（Nokjiwon）

綠地園是以青瓦台最美景色聞名的庭院，環境清新幽靜，種有約 120 棵樹木以及歷任總統多年來種植的紀念樹，中央的盤松更有 170 年以上歷史！在綠地園的右邊深處，還能隱約可見韓式建築物呢！在參觀青瓦台同時，不妨來到綠地園呼吸一下新鮮空氣。

總統官邸（Official Residence）

總統官邸於 1990 年落成，是總統及家人的居住空間。由生活空間正房、接見活動空間別房、傳統風格庭院和廂房等組成，是個為總統及其家人提供官方工作場所以外的生活空間。

總統官邸入口仁壽門。

青瓦台的前世今生

● 高麗時代是離宮所在

青瓦台周邊地區首次記錄在歷史書上是在高麗肅宗時期的 1104 年左右。高麗將開京（現在的朝鮮開城）、西京（平壤）和東京（慶州）設爲三京，肅宗時代在青瓦台一帶設立離宮，是爲南京，有「南方的首爾」的意思。

● 朝鮮時代為景福宮後園

朝鮮第一位國王太祖李成桂在 1394 年在離宮以南建造新宮殿，是為景福宮。世宗 8 年（1426 年）在景福宮後方興建後園，就是現今青瓦台所在。

1592 年壬辰倭亂爆發後，景福宮和後園形同廢墟，被荒廢約 270 年，直至高宗 2 年（1865 年）才重新建造。

● 日治時期變身總督官邸

1929 年，爲紀念朝鮮總督府統治 20 週年，在後園舉辦了朝鮮博覽會。其後在 1937 年，日本在此興建朝鮮總督的官邸，並稱爲景武台。

● 從景武台到青瓦台的新時代

1948 年 8 月 15 日，大韓民國政府成立，李承晚總統夫婦將總統官邸從梨花莊搬到景武台。直至第 4 屆尹潽善總統時期更名爲青瓦台。

三清洞 · 西村 · 北村

2022 年 8 月
OPEN

韓食文化空間

한식문화공간

一眼盡覽韓國飲食文化的「韓食文化空間 E:eum」在 2022 年 8 月 31 日開館。

韓食文化空間 E:eum 是由韓國農林畜產食品部，與韓食振興院及韓國農水產食品流通公社設立，由原有的韓食文化館、食品名人體驗宣傳館和傳統酒畫廊合併成立，提供韓食和傳統酒的展覽、體驗、宣傳及教育，向全球推動韓食成爲新的韓國文化潮流。

地址	首爾市鐘路區北村路 18 傳統酒畫廊（서울시 종로구 북촌로 18 전통주갤러리）
開放時間	星期二至日 10:00~19:00
網址	www.hansik.or.kr
交通方式	地鐵 3 號線安國站 2 號出口直走 5 分鐘

한식
Hansik

한식은 우리나라 고유의 정서가 담긴 문화 유산이다.
Hansik is a cultural heritage embodying unique sentiments of Korea.

韓食（Hansik）是向全球推動韓國文化的獨有品牌。

韓食文化 Cafe。

韓食優秀常設展。　　　　　　　　韓食特別展，筆者到訪時正舉辦四季韓食食具展覽。

韓食文化空間設有 3 層。地下 1 樓設擺放了 2,400 餘本與飲食相關書籍的韓食圖書館和可舉行座談會、研究學術項目的 E:eum 廳。

1 樓的韓食畫廊設有介紹韓食優秀性的常設展和特別展，食品名人宣傳館則銷售食品名人製作的 210 多件商品。同層另設傳統酒酒廊，展示 300 餘種傳統酒，當中有 80 種可以品嚐，每期按主題提供 5 至 6 種傳統酒試飲體驗和銷售（詳見後頁介紹）。

2 樓的食品名人體驗館提供主題式韓食體驗項目。在韓食學習場所和 E:eum 工作室，可以參與線上和線下的韓食料理課堂。

韓國傳統茶道和品嚐韓菓的擺設。

筆者一直欣賞韓國的發酵文化，在韓食文化空間可以找到不少韓國匠人的產品，如黑醋、醋，也可以選購特別的韓食產品。

接待處有一系列韓食食譜卡，有中文、英文及日文版供免費索取，將專業食譜拿回家，自己動手做！

食品名人宣傳館。

農林畜產食品部和韓國農水產食品流通公社設立的傳統酒酒廊，旨在推廣韓國傳統酒的味道、韻味和文化價值。

2022 年 8 月
OPEN

傳統酒酒廊
The Sool Gallery

더술닷컴

地址	首爾市鐘路區北村路 18 傳統酒畫廊（서울시 종로구 북촌로 18 전통주갤러리）
開放時間	星期二至日 10:00~19:00
試飲時段	12:00~17:00，整點為一節
網址	www.thesool.com
交通方式	地鐵 3 號線安國站 2 號出口直走 5 分鐘

韓國傳統酒大致分為濁酒、藥酒及燒酒。商標中標註的酒種按照酒稅法規定的普通酒類分類，以濁酒、藥酒、果酒、白酒、普通蒸餾酒、利口酒等標示。

試飲體驗

如果是 Naver 網會員，可以進行網上預約，費用全免。如果沒有預約，都可以來碰碰運氣即場登記。解說員會準備蒸餾水及兩個小酒杯，以及平板電腦，以收集大家對每一種傳統酒的意見。

筆者到訪當日剛好趕上 2022 年酒品評會最優秀獎的試飲體驗！

冷知識　韓國傳統酒

從法律定義上，根據《傳統白酒等產業振興相關法律》規定，是指❶酒類部門非物質文化遺產擁有者製作的酒、❷韓國食品名人釀製的酒和❸農漁業經營體或生產者團體以地區農產品為主要原料製造的酒。

以約定俗成的意義來看，是指一個國家或地區等地從過去開始延續下來的釀造法釀造的酒，也可透過酒反映韓國時代面貌。

Makgeolli means just recently filtered, which indicates it is fresh.
The name is derived from the way it is made.
Makgeolli is fermented for a short time to preserve the ingredient's natural flavors.
It has fine rice sediment which gives a smooth, grainy flavor to the drink.

場內分為三個部分：「傳統酒展」展示韓國食品名人傳統酒、大韓民國韓國酒品評會得獎作品、上門釀酒廠產品及酒類質量認證產品；「傳統酒銷售」網羅全國高質量的各種傳統酒；「試飲體驗項目」每月設不同主題，下午 3 時及 4 時設有英語時段，方便外國旅客，目測每節只有 6 至 8 個名額。

當日試飲了幾款得獎酒，包括以糯米、薑露釀製的「天妃香藥酒」（16%）、果實酒「雪梨青葡清白酒」（11%）、蒸餾酒「兵營燒酒」（40%）、帶柑橘及花香的「蜂蜜酒」（8%）。

而來自忠北忠州中元堂的濁酒「報恩酒」（10%），以香米、粳米、糕低溫發酵而成，有牛奶質感，帶淡淡的甜味和多種果香，色度和糖度突出，可佐以甜南瓜薯仔絲餅。

解說員現場講解每一種酒的特點，並跟大家交流飲後感。

雖然只是一兩小口的分量，但酒精濃度由 6 至 40 多度不等，小心飲醉。

보은주

疫情期間，由於訊息不流通，加上大家無法到韓國旅行，很多人以為「大瓦房醬蟹」都難逃結業命運，其實它只是搬店到北村桂洞，並加入了新的午餐特選呢！

大瓦房是以祖傳 300 年自家提煉醬油醃製醬油蟹的名店，主菜除了醬油蟹及辣醬生蟹，還有秘醬燒鰻魚、燉牛肋骨、菜包肉等等。全餐以韓全食規格上菜，由前菜、小菜、主菜、飯、大醬湯至五味子茶一一奉上。

大瓦房
醬蟹
크기마짐

地址	首爾市鐘路區北村路 20-7（서울시 종로구 북촌로 20-7）
營業時間	11:30~21:00
休息日	星期一
電話	02-722-9024
交通方式	地鐵 3 號線**安國站** 2 號出口直走 5 分鐘

如同行親友不吃生冷食品，可以選擇其他主菜，如燒鰻魚、燉牛肋骨、菜包肉等等，當中的燒鰻魚也頗有驚喜。

小貼士

如怕生蟹太寒涼，可以用膳後到便利店或超市買生薑蜂蜜熱飲。

一人份的醬油蟹如手掌般大，可先由蟹膏開始享用。生蟹蟹膏跟紫菜是絕配，就如吃海膽一樣；又或者可於紫菜上加一點飯和蟹膏蟹肉包着享用，滋味各有不同，更能嚐出鹹鮮味。而蟹蓋可按個人喜好加入適量白飯，立即做出一道鹹香十足的蟹膏拌飯了。

近年韓國掀起一股美式甜甜圈熱潮，各品牌會在自家餐單加入韓國獨有特色，而 Randy's Donuts 就有多款特調飲品，包括安國混搭（안국 블랜드）、濟州玄武岩拿鐵（제주 현무암라떼）、月涯海岸氣泡飲（애월 바다 에이드）、森林小逕氣泡飲（숲길 에이드）等，帶出不同地區分店色彩。

Randy's Donuts 在韓國有不少分店，但只有安國店以韓屋改裝而成。

2022 年 3 月
OPEN

Randy's Donuts

랜디스도넛

地址	首爾市鐘路區北村路 3（서울시 종로구 북촌로 3）
營業時間	11:00~21:00
交通方式	地鐵 3 號線**安國站** 2 號出口馬路對面可見

Randy's Donuts 安國店設有限定口味甜甜圈。此外點餐時，會依照甜甜圈的數量提供不同尺寸的盒子，有可以裝 10 到 16 個的大盒子，也有只裝 1、2 個的迷你盒。

面層有棉花糖的 S'mores Raised。

充滿椰香的 Coconut Raised。

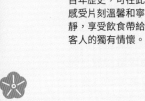

韓屋在北村已有過百年歷史，可在此感受片刻溫馨和寧靜，享受飲食帶給客人的獨有情懷。

充滿情的
菜包肉

정담은보쌈

地址	首爾市鐘路區桂洞 104-4（서울시 종로구 계동 104-4）
營業時間	11:00~14:00、17:00~21:00
電話	02-763-8401
網址	jungdamun-bukchon.com
交通方式	地鐵 3 號線**安國站** 2 號出口直走 5 分鐘

店內幾乎所有醃製品都是由主廚自家製，不單有季節性泡菜，細緻到包飯醬、醋醬、蝦醬都是出自主廚之手，這就是包含了情的誠意。

보쌈的中譯為菜包肉、包飯等，前者以煮厚切五花肉為主，後者則以包飯醬為主角。菜包肉和包飯都是韓國菜中很有溫度的菜式，既有家庭特色，也能登大雅之堂。

餐廳主廚從全國各地搜尋最新鮮和健康的材料，製作包飯、泡菜和小菜。不單止食物講究，像西餐要搭配葡萄酒一樣，包飯也會搭配適合的韓國傳統酒。在充滿氣質的內部氛圍和以新鮮季節花點綴的空間裏用餐、把酒，是一種融合飲食和藝術的體驗，將情以一頓飯來表達。

餐點一般由二人份起，如果是獨行旅人，建議午餐時段到訪，可選午餐特選，但也因為是一人份的關係，泡菜只可以二選一：大白菜泡菜或醬醃蘿蔔。如不能嚐辛，建議選大白菜泡菜，主廚自家醃製的泡菜，味道清爽，隱約嚐到大白菜的清甜，配厚切五花肉不會搶掉肉的鮮味。

菜包肉的食法非常個人化，可以用大白菜泡菜捲着五花肉，也可以新鮮的菜葉，配上醬醃蘿蔔，也可以配葱泡菜，或者用菜葉包着五花肉及包飯醬，如多加一點點蝦醬提鮮，味道會昇華到另一個層次。

漫步北村

在三清洞和北村之間穿梭，不論由安國站往感古堂街向上坡走，或是在北村八景走下坡，都會看到不一樣的風景。

北村八景

北村的八景雖各有其歷史和吸引力，但個人比較推介五、六、七、八景四處，除了因為比較集中，也較容易編排北村和三清洞的半天遊行程。

建議時間 10:00~18:00

註：由於北村一帶大部分韓屋仍有人居住，所以遊覽時不要大聲喧嘩。

北村八景上的三清洞石階路。

在北村五景可看到首爾市的景色。

北村五景和六景：其實是在嘉會洞小巷由下向上走，和由上向下走所看到的不同景致。

在北村，韓屋保存得最好的就是嘉會洞 31 號及其小巷，原因是當年首爾市開始實施北村韓屋保護計劃，積極保護這條小路的密集景觀，同時極力保留一眾遺跡。

北村七景：指嘉會洞 31 號，即在嘉會洞小巷旁的一段小路。

北村八景：這裏的石階都是利用整塊的岩石鋪砌而成，形成特殊的石階風景。

精華遊建議路線

先由三清路末端開始行程，由五嘉茶位置轉上就是北村第八景石階路，沿路再上一段階梯路，可以看到一片風景，再按地圖及指示，便可到嘉會洞的北村五、六、七景。

如果有足夠準備，可以由地鐵 3 號線安國站 2 號出口沿三一大路往上走，見北村路再往上走，見左面北村路 1 街就往左轉入，往上行就會見北村五、六、七景，拍照後經北村八景到三清路主路，沿三清路往下走就是個性小店、咖啡廳。

首爾工藝博物館在三清洞開館，集結各個時代與領域的韓國工藝品，主力研究並分享工藝的知識和紀錄，是體驗工藝之美與文化價值的平台。

博物館分為三棟，設有工藝歷史展覽和織物工藝展覽，以多種工藝品闡述韓國工藝發展史。

首爾工藝博物館志力成為融合傳統和現代工藝的開放空間。

首爾
工藝博物館

서울공예박물관

地址	首爾市鐘路區栗穀路 3 街 4（서울시 종로구 율곡로 3 길 4）
開放時間	10:00~18:00（17:30 截止入館）
休息日	星期一、1 月 1 日
費用	免費
網址	https://craftmuseum.seoul.go.kr/
交通方式	地鐵 3 號線 **安國站** 1 號出口

註：可於參觀當日參加導賞團，一日 6 次，每次 80 分鐘，每次接受 90 人

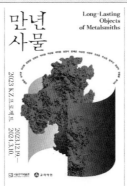

자수, 꽃이 피다
상설 | 2021.07.16 ~, 전시3동 2층

보자기, 일상을 감싸다
상설 | 2021.07.16 ~, 전시3동 3층

2023 KZ프로젝트 <만년사물>
기획 | 2023.12.19 ~ 2024.03.10, 전시1동 3층 …

공예@쇼윈도 #6 <옹기와 ·
기획 | 2023.12.15 ~ 2024.03.03, 전시3동 …

博物館設有很多融合傳統和現代工藝主題的展覽。

韓國咖啡店競爭非常激烈，以「打卡」為主的只會流行一時，要吸引人再訪，產品和理念更為重要。2019 年開幕的 Cafe Onion 專注於優質咖啡和烘焙食品的藝術，希望把韓國的咖啡店推向世界，2022 年加入新餐單。Onion 安國店以韓屋建築改造，迅即成為三清洞熱話。其發展意念是希望進行商業活動同時，可以**幫助社區再生**，因此 Onion 常與附近其他小店店主一起舉辦各種活動，以吸引年輕人到訪。

三清洞 · 西村 · 北村

2022 年 NEW MENU

Cafe Onion Anguk

카페 어니언 안국

地址	首爾市鐘路區桂洞 146-1（서울시 종로구 계동 146-1）
營業時間	星期一至五 07:00~21:00、星期六、日 09:00~21:00
網址	www.instagram.com/cafe.onion
交通方式	地鐵 3 號線**安國站** 3 號出口步行約 1 分鐘

韓國現在流行紅豆和鮮牛油。

各款新鮮出爐包點。

舊韓屋的空間設計。

推介要試試這裏的 Onion single origin 咖啡。

有關 Blue Bottle 的故事，相信認識咖啡的讀者們都略知一二。1600 年代末 Franz George Kolshitsky 開設了中歐第一家咖啡店名為 The Blue Bottle，而在 300 多年後，Blue Bottle Coffee 的創辦人厭倦了商業咖啡企業和過度烘焙不新鮮咖啡，遂決心自己建立 Blue Bottle Coffee 品牌，同時也對 Franz George Kolshitsky 作出致敬。

三清洞 Blue Bottle Coffee 分店。

Blue Bottle Coffee

블루보틀 삼청 카페

地址	首爾市鐘路區北村路 5 街 76（서울시 종로구 북촌로 5 길 76）
營業時間	10:00~20:00
交通方式	地鐵 3 號線安國站 1 號出口步行 8 分鐘

大家可以欣賞咖啡師製作專屬於你的咖啡。

時至今天，Blue Bottle Coffee 已在美國、日本和韓國等地建立了具當地特色的世界性咖啡網絡。三清洞店更是在韓國分店中最具特色，設計將傳統與現代並存，樓高三層，可遠看韓屋群，三樓的 Coffee Bar Table 更可以遠眺青瓦台主樓背靠的北嶽山。

三清洞店的特色是可在二樓觀賞韓式屋簷。

設計簡約的紀念品，部分是三清或韓國限定。

Robusta Blend No. 1，充滿果香和甜味，質感柔滑。

「上村」是景福宮西側世宗村的舊稱。2013 年，鐘路區買入由警察廳擁有，但被長期間置的上村韓屋廢宅，經過復原及改建，於 2017 年 6 月成為傳統韓屋文化空間，期間曾經再閉館重整擴充規模，並於 2022 年重新開放。

上村齋在 19 世紀末以傳統韓屋方式建造，展示了韓國的取暖技術、火炕爐、生活文化習慣和韓文的優秀性。另外也可在這裏體驗各種傳統文化，例如在冬至、立春、端午等傳統節日舉行文化風俗的節氣活動、以兒童爲對象的「正確穿韓服教育」、以傳統方式製作韓服或相關道具的講座等。

三清洞・西村・北村

2022 年 11 月
RENOVATE

西村村莊
上村齋

상촌재

地址	首爾市鐘路區紫霞門路 17 街 12-11(玉仁洞 19-16) （서울시 종로구 자하문로 17 길 12-11(옥인동 19-16))
開放時間	星期二至日 09:30~17:30
休息日	1 月 1 日、春節和中秋節當天
網址	www.jfac.or.kr/site/main/content/sangchj03
交通方式	地鐵 3 號線景福宮站 2 號出口步行 6 分鐘

以實物和影像展示地暖技術。

下屋設有韓文體驗空間，透過影像了解創制韓文的目的和原理。

內宅展示了昔日韓國廚房各種煮食裝備和功能。

上村齋完美保留了傳統韓屋基本樣式，這也是當年西村人家的家屋特色。**所有空間兼具展覽功能**，例如舍廊房和行廊齋展示了韓國地暖的歷史。地暖是傳承自舊石器時代的韓國固有供暖技術，透過影像及實物將地暖技術復原，以便了解其歷史和原理，訪客更可從透明地板直接觀察地暖的內部構造。

內宅則呈現了韓國廚房的不同功能，不但有烹調、儲存食物的設備，還具備調節房間溫度的供暖功能。

附近有甚麼？

● 土俗村參雞湯（토속촌삼계탕）

首爾最著名參雞湯店，尤其在每年的三伏天（一年中最熱的三天）大排長龍。

● 通仁市場（통인시장）

首爾著名傳統市場之一，內有很多韓國特色美食，包括筆者最愛的醬油炒年糕和乾身的辣炒年糕。當中最特別的是銅錢便當，可向有參與銅錢便當的商戶以銅錢買食物。

● 人力車觀光西村藝術路線

由 2023 年 3 月起，可乘坐人力車遊覽景福宮及北村韓屋村周圍，還可聽着人力車師傅有趣的歷史解說。成人 ₩ 45,000、小童 ₩ 22,500，網址 www.seoultravelpass.com。

「通義洞保安旅館」原本是 1942 年到 2005 年間無數遊子的休息空間，也曾是韓國近代文學的主要據點之一。為了保育這個珍貴的文化遺產，2007 年開始轉型爲藝術空間，讓一般人也可以走進這棟古老木質建築參觀。2017 年成為**綜合文化藝術空間**，設有「保安寄宿」、咖啡廳「33 Market」、書店「Boan Book」及展示空間「保安1942」。

通義洞
保安旅館
複合藝廊文化空間
———— 보안여관 ————

地址	首爾市鐘路區通義洞 2-1（서울시 종로구 통의동 2-1）
網址	b1942.com
交通方式	地鐵 3 號線景福宮站 4 號出口步行 5 分鐘

Boan Book

書種由創作團隊嚴格挑選，書店也兼售與韓國及國外藝術家合作的作品，也有部分產品是其他文創店沒有的品牌。

保安旅館的構造特殊，既有完整保留老建築原貌的舊保安旅館，也有新建的保安 1942，兩棟建築以通道相連。舊保安旅館現在是藝廊，可參觀一樓和二樓的各式展覽，全年免費。保安 1942 的一樓是咖啡廳 33 Market，二樓是 Boan Book，三樓和四樓則是夢齋。

保安寄宿夢齋設 4 個房間，仿照當時遊民理想的居住形態佈置。2021 年開始，夢齋會在每個季節與茶座合作，舉辦製茶活動。

注意：夢齋採用自助入住方式，預約後可經短訊和電子郵件取得入住密碼。

33 Market

集合咖啡、特飲和經典混合茶和原葉茶的茶室，以韓國工匠製作的茶具泡茶，原葉茶有好幾種選擇，白茶、鐵觀音、黑茶、黃茶等，筆者走訪西村後，到這裏休息片刻，點了韓國出產的黃茶，黃茶浸泡後是黃湯黃葉。落地玻璃可看到對面景福宮的迎秋門。

營業時間　4 月~11 月星期日至三 11:30~20:30、星期四至六 11:30~22:00，
12 月~3 月星期日至五 11:00~19:00、星期六 11:00~20:00

Boan Book 閱讀區面向景福宮的迎秋門，景色一流。

茶室設有 U 型 Bar 枱，也有自成一角的位置。

韓國黃茶原葉茶（₩ 10,000）。

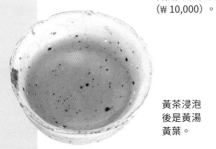

黃茶浸泡後是黃湯黃葉。

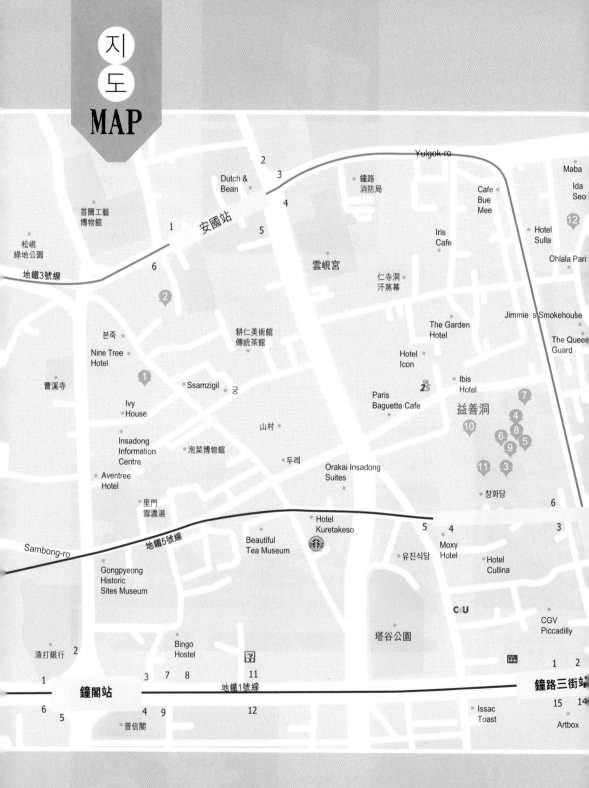

지 도 MAP

松峴綠地公園
地鐵3號線
首爾工藝博物館
안국站
2
3
Dutch & Bean
4
5
1
6
雲峴宮
鐘路消防局
Yulgok-ro
仁寺洞汗蒸幕
Iris Cafe
Cafe Bue Mee
Maba
Ida Seo
Hotel Sulla
12
Ohlala Pari
曹溪寺
본죽
Nine Tree Hotel
① Ssamzigil
궁
耕仁美術館傳統茶館
山村
두레
The Garden Hotel
Hotel Icon
GS 25
Paris Baguette Cafe
益善洞
Jimmie's Smokehouse
The Queen Guard
Ibis Hotel
7
4
10
6 8 5
9
11 3
Ivy House
②
Insadong Information Centre
泡菜博物館
Orakai Insadong Suites
창화당
6
Aventree Hotel
里門雪濃湯
Sambong-ro
地鐵5號線
Gongpyeong Historic Sites Museum
Beautiful Tea Museum
Hotel Kuretakeso
5
유진식당
Moxy Hotel
4
Hotel Cullina
3
渣打銀行
2
Bingo Hostel
3   8
11
地鐵1號線
塔谷公園
C U
CGV Piccadilly
M
1   2
1
鐘閣站
鐘路三街站
6
5
4   9
普信閣
12
Issac Toast
Artbox
15   14

① 你好仁寺洞 ② A Flower Blossom on the Rice ③ 한옥랑솜 Hanok Langsom
④ 清水堂 ⑤ MMR ⑥ Teterot Salon ⑦ Solsot ⑧ Mont Blanc ⑨ Cheese Industry
⑩ 自然度家鹽包 ⑪ 小夏鹽田 ⑫ Cafe Sa Sa

仁寺洞・安國・益善洞・鐘路

인사동・안국・익선동・종로

由安國站及景福宮站往光化門方向，就
是仁寺洞、安國、益善洞及鐘路一帶，
所涉範圍很廣，有很悠久的歷史。

在這一區漫步，像是不停在古今街頭中
穿梭。仁寺洞是新舊共融的表表者，不
僅有傳統茶屋、畫廊、古物店，也有新
式食店和手作商場，連同遊覽附近的三
清洞、北村、西村、景福宮、昌德宮、
雲峴宮、宗廟等，就像穿梭百年一樣！

至於鐘路的益善洞，近年也成為韓國人
週末來個小旅行必到的地方。

交通方式

弘益大學站	明洞站	東大門歷史文化公園站
↓ 地鐵 2 號線	↓ 地鐵 4 號線	↓ 地鐵 5 號線
乙支路三街站	忠武路站	**鐘路三街站**
↓ 地鐵 3 號線	↓ 地鐵 3 號線	↓ 地鐵 3 號線
鐘路三街 / 安國站		**安國站**

仁寺洞新景象

로맨틱 생활한복 수설화

著名韓服品牌，主張以雪花般的韓服融入日常生活。仁寺洞店為首家實體店。

地址　首爾市鐘路區仁寺洞街 44 Ssamji 街 1 樓
網址　www.soosulhwa.com

人人商場（Ssamzigil）在 2023 年都換上新裝。

辛奇間

被 CNN 選定為世界 11 大飲食博物館「泡菜間博物館」已更命為「辛奇間」，館藏、說明、展示及體驗內容重現眼前！

辛奇製作體驗。

小談商會

小談商會（소담상회）是與運營手工藝電子商務「idea's」的企業 Backpacker 共同合辦的平台，主要支持韓國小規模或剛成立個人品牌的工藝者創業，實體店於 2021 年 11 月開幕。

Kimchi 冷知識
華語地區的新名字「辛奇」

2021 年 7 月，南韓文化體育觀光部正式發表，將 Kimchi 的標準中文譯名，從「泡菜」改為「辛奇」，同時南韓官方在華語地區申請註冊「辛奇」為韓國泡菜的商標，希望提升全球市場上的國際形象，和與其他地區的泡菜作出區別。

仁寺洞大街上有大大小小的藝廊，大部分可以免費參觀，如有合心意的藝術品，也可以選購。

除了傳統服飾、生活韓服，還有不少中高檔女士服飾。

仁寺洞上的傳統茶房，在享用傳統茶的同時，也有命相師傅駐場呢！

位於人人商場斜對面的「你好仁寺洞」商場風格比人人商場現代化，品牌也較多元。

場內的 LINE Friends 專門店有齊 BT21 的周邊產品。另外，不少韓國設計師文創品牌例如은나무也進駐這裏。商場內有工作室、小店、咖啡廳、新式或傳統甜品店及多間韓國餐廳，同時也是酒店 Nine Tree Premier Hotel Insadong 的所在地。

你好 仁寺洞
안녕인사동

地址	首爾市鐘路區仁寺洞街 49（서울시 종로구 인사동길 49）
營業時間	10:00~22:00
交通方式	地鐵 3 號線安國站 6 號出口步行 3 分鐘

門口韓風涼亭中的大型 Line 公仔是其標記。

韓國傳統甜品店 ── 金玉堂（금옥당）

筆者非常喜愛的傳統甜品店之一，常推薦朋友到訪要一試韓國羊羹，因為不含防腐劑，購買後四小時內要食用。

은나무集合不少手作人的作品。

生肖運程抽籤。

秋冬必試的韓國柿子羊羹。

店舖連續 6 年取得首爾米芝蓮推介和連續 3 年取得首爾米芝蓮綠色餐單 Green Star 推薦的有機韓食餐廳。

現代人越來越注重健康，A Flower Blossom on the Rice 不僅是食材，就連室內裝飾、圍牆等每個角落都滲透着店方追求健康的真誠。

菜式逾九成使用有機農場提供的有機及環保食材，並得到動物福利認證，確保食材新鮮和安全。店方同時推廣慶北峰下村的有機大米，及用慶南居昌大豆製成的傳統大醬和醬油等環保食材。

仁寺洞 · 安國 · 益善洞 · 鐘路

連續 6 年
米芝蓮推介

A Flower Blossom on the Rice
꽃, 밥에피다

地址	首爾市鐘路區仁寺洞 16 街 3-6（서울시 종로구 인사동 16 길 3-6）
營業時間	11:30~15:00、17:30~22:00
電話	02-732-0276
網址	www.goodbab.co.kr
交通方式	地鐵 3 號線安國站 6 號出口步行 2 分鐘

註：可透過 Catch Table App 或電話預約。

以自製有機大醬醃的醬菜。

用有機紅蘿蔔做的粥。

店內充滿古色古香氣氛圍，採光度十足。

這裏的招牌菜是蛋黃雞蛋蛋包拌飯，由職員在客人面前打開雞蛋包，就像花朵盛開一樣，鋪在飯上的各色野菜光是看也讓人感到快樂，除了一般蔬菜，也有難得一見的蕨菜。

店方連續 3 年取得首爾米芝蓮綠色餐單 Green Star 推薦的有機韓食餐廳，其中一個原因是負責人致力推廣可持續發展，消耗少一點肉類，所以**基本以海藻類做料理**，讓素食者也能放心食用。湯底以各種有機蔬菜熬製，就連小菜、醬菜、醬油、辣椒醬、大醬、食醋、麻油、天日鹽等都是自行製作和精選。

如果想淺嚐一下，可以參考筆者預約午餐時段，有午餐特選，也可以單點，豐儉由人。

使用有機農蔬菜的健康沙律，沙律醬也是自家製作，味道清新。

醃有機蘿蔔。

午餐限定的海菠蘿刺身配鹿尾菜拌飯，充滿海洋之味。雙色鹿尾菜是罕見的食材。

胡同散策 —— 益善洞韓屋村
（익선동한옥마을）

常有復古打扮的遊人穿梭益善洞。

位於仁寺洞主街道旁、鐘路 3 街食街附近的益善洞韓屋村，是首爾最古老的韓屋村，自 1920 至 30 年代起建造，至今約有百餘棟傳統韓屋聚集於此。

這裏有各種老牌美食小店，也有由韓屋改造而成的個性小店、Cafe、復古衣飾租借店等等。有看過韓劇〈Mr. Sunshine〉的應該對復古衣飾不陌生，繼傳統韓服、華麗韓服、生活韓服、偶像校服後，最新的潮流走向就是復古衣飾了！

相對於三清洞的貴族兩班或韓屋，這裏仍維持社區原貌，由一般韓屋形成的小區更貼地，另有一番風味！

小說及電影主題 Cafe，門前貼有每月推介。

地址　首爾市鐘路區水標路 28 街一帶（서울특별시 종로구 수표로 28 길 일대）

交通方式　首爾地鐵 1、3 或 5 號線鐘路三街站 6 號出口徒步約 2 分鐘

益善洞在 2022 年開始，成為不少國際大品牌設特色概念體驗的 pop up store 選址，包括當時話題性十足的 DIOR。

昌華堂（창화당）是一間餃子專賣店，因韓劇〈德魯納酒店〉（호텔델루나）曾在這裏拍攝而更受歡迎！

曾獲米芝蓮推介的傳統海鮮刀削麵老店찬양집。

復古韓屋咖啡廳오얏꽃（李花）帶點日韓混合風格。

益善洞韓屋村的故事

1914 年制定洞名（「洞」即指「村」、「行政區域」）時，此處是漢城府中部旌善坊管轄的東里益洞，因此取當中的「益」和「善」合成。

2000 年初，益善洞還是連當地也鮮為人知的安靜韓屋村，但隨著現有的韓屋全部衰落和周邊鐘路商圈的開發，該區也被認為有開發的必要性，因此首爾特別市在 21 世紀初制定了拆除現有韓屋，實施建設公寓園區的計劃。

不過大概從 2010 年代中期開始，以益善茶為開端，開始有部分企業改造部分益善洞韓屋後經營飾品店或小咖啡廳等。隨着商圈發展，吸引大量年輕店家進駐，電影、電視劇、廣告也紛紛在該區的韓屋拍攝，令其慢慢成為新約會場所和旅遊商圈。特別是 2010 年代後期，受惠於新復古熱潮，益善洞的人氣更是急劇上升。

最終，曾被制定再開發的益善洞在 2018 年被首爾特別市撤回，並宣佈將現有韓屋村指定為「韓屋密集地區」，讓益善洞成為最極端的商業化地方。

與韓文店名的比喻一樣，希望來到的人可以在城市森林中的韓屋內，透一透氣放鬆一刻。店內分為三個不同的韓屋居室和戶外流水旁的座位，中間是舊韓屋常見的天井位，這裏有部分角度不會拍到高樓大廈，大家可以仔細找找，這也是它可以在眾多韓屋 Cafe 中突圍而出的原因。

仁寺洞 · 安國 · 益善洞 · 鐘路

2022 年 1 月
OPEN

한옥랑솜
Hanok Langsom

한옥랑솜 익선동카페

地址	首爾市鐘路區益善洞 166-40 （서울시 종로구 익선동 166-40）
營業時間	10:30~22:30
交通方式	地鐵 1、3 或 5 號線鐘路三街站 6 號出口徒步約 5 分鐘

沒有拍到高樓大廈的神秘角度。

士多啤梨 Tiramisu（₩ 8,000）上的鮮打芝士非常柔滑。

三個韓屋居室充滿傳統氣息。

咖啡店不論海報或手繪餐牌設計都別出心裁。

한옥랑舍的甜點很有特色，冬天限定的士多啤梨 Tiramisu（₩8,000），遠遠都聞到士多啤梨香氣，很快便售罄；另一個招牌甜品是 Balona Tiramisu（₩7,500），是配咖啡的必然之選。Tiramisu 的鮮打芝士是此店招牌，不論擺盤裝飾或是味道都很不錯！

飲品方面除了咖啡，也有多種配搭了食用花的特調飲品。要知道韓國人的冬日飲食習慣之一就是下着雪也要飲凍美式咖啡，所以冬天一樣有不同的凍飲 Menu，例如 2022 年冬日就有 Passion fruit coconut ade（₩8,000）和 Honey Jamong black tea（₩8,000），前者味道清爽，以椰子水做基調異常配合，在冬天開滿暖氣的室內和乾燥的天氣特別滋潤；後者是以西柚做的茶特飲，茶味突出，不會太甜，可以一解甜品的膩感。

Balona Tiramisu
（₩7,500）。

左方的 Passion fruit coconut ade（₩8,000）及右方的 Honey Jamong black tea（₩8,000）。

入口的一小段竹林路，引領食客從鬧市走進寧靜庭園。

清水堂 plus spa 是位處益善洞的特色韓屋庭院咖啡廳，開幕之初不僅在韓國社交網絡 SNS 上爆紅，也吸引多家海外媒體採訪。

店內以植物盤景佈置，配上落地玻璃、竹林、以竹子做的韓風燈罩，格調優雅。提供席地而坐的座位，也可坐在室外池塘旁，還有水造盤景的大枱和自成一角的小角落。

清水堂旁邊還設有水療，提供高級水療服務。

清水堂

청수당

地址	首爾市鐘路區敦化門路 11Na 街 31-9（서울시 종로구 돈화문로 11 나길 31-9）
營業時間	11:30~21:30
交通方式	地鐵 1、3 或 5 號線鐘路三街站 6 號出口徒步約 7 分鐘

清水堂有不少特色餐點，除了手工梳乎厘，也有像真度極高的草坡芝士蛋糕，是清水堂的 Signature menu。

黑芝麻味草坡芝士蛋糕（₩ 13,000），也有抹茶口味。

韓國女生愛逛小店，一些小眾品牌或由網店開設的實體店，都紛紛在疫後熱鬧起來，益善 MMR 就是其中一家。備受注目的原因是曾在韓國綜藝節目〈Gag woman〉和〈Six Sense〉出現過。

這裏的一個大賣點，就是可以**用合理價格，購得 92.5% 純銀小飾物**，而且質量也不像街邊貨。價格為 ₩ 18,000 以上，現金結算可打九折。據筆者目測，走進來的客人，每人都帶走三至五對耳環呢！

MMR

익선동 엠엠알

地址	首爾市鐘路區水標路 28 街 33-8 （서울시 종로구 수표로 28 길 33-8）
營業時間	10:00~21:00
交通方式	地鐵 1、3 或 5 號線鐘路三街站 6 號出口徒步約 5 分鐘

除了耳環，手作手鏈及絨布頭飾也是熱賣產品。

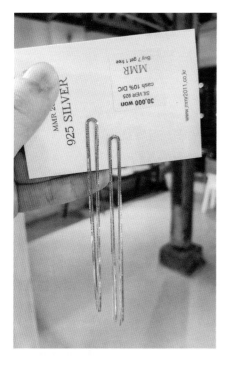

款式有珍珠、彩石、閃石等，簡約華麗兼備，特別適合上班族。

首爾代表性韓服品牌之一，以傳統價值配以全新視角設計各式各樣、適合不同場合的韓服，男女老少款式齊備，而且由生活韓服至高級韓服都是自家生產，品質有保證，不少明星名人都會在此訂造韓服出席特別場合。

Teterot Salon 原本只有網店，後來在益善洞開設實體店，顧客可以直接試穿和選購。因為不少款式已作改良，**別具現代及個人風格**，適合日常穿着。

Teterot Salon
때때롯살롱

地址	首爾市鐘路區水標路 28 街 21-12（서울시 종로구 수표로 28 길 21-12）
營業時間	12:00~19:00
網址	teterot.kr
交通方式	地鐵 1、3 或 5 號線鐘路三街站 6 號出口徒步約 5 分鐘

近年流行的生活韓服。

改良韓服深受韓國女性喜愛。

韓服式的全身裙和半截中長裙是近年韓妹們喜愛的 Mix and match。

MZ 世代（1980 至 2000 年出生的年輕人）也喜歡的配搭。

Teterot Project 是一個將傳統韓服變成日常服飾的計劃，以舒適、年青、實用、具個人風格為主軸。

大家對石頭鍋飯一定不會陌生，近年韓國也掀起養生飯和釜飯熱潮。與蓋飯不同，養生飯店和釜飯店以**韓國養生食材**為主要元素，而舍舍的餐單就有別於一般釜飯店，有鰻魚、烤銀帶魚、牛油鮑魚、和牛、大帶子等，風味十足！

韓式釜飯的食法就是飯一到，將飯拌好，盛於小碗，餘下飯焦的部分留在鍋內，加入熱麥茶或熱水，蓋上釜飯木蓋，稍後就有暖暖的飯焦米水喝，這幾乎是韓式釜飯或養生飯的食用方程式！它的魅力就連**男團 Winner 的宋旻浩**也被吸引到訪。

2022 年 1 月
OPEN

Solsot

솔솔 익선점

地址 首爾市鐘路區益善洞 123-2 1 樓
（서울시 종로구 익선동 123-2 1 층）

營業時間 11:30~15:00、17:00~21:00

交通方式 地鐵 1、3 或 5 號線**鐘路三街站**
6 號出口徒步約 7 分鐘

牛油鮑魚釜飯，一個字：香。

將飯拌好後盛於小碗內，飯粒滲透着鮑魚和葱香。

烤銀帶魚釜飯，魚味十足啖啖肉。

釜飯餐會配有 3 款小菜、沙律、湯和紫菜，可用紫菜捲着釜飯吃。

Mont Blanc 是韓屋甜品咖啡店，室外有假山流水和小石路，室內則帶復古西式風味。**以招牌甜品 Mont Blanc 為主打**，抹茶士多啤梨 Mont Blanc 外層的奶油不甜，質感柔軟，抹茶味道恰到好處，吃一口蛋糕，再呷一口咖啡，兩者相得益彰。秋天另有限定栗子味 Mont Blanc。

仁寺洞 · 安國 · 益善洞 · 鐘路

2023 年 11 月
OPEN

Mont Blanc
몽블랑솜

地址	首爾鍾路區益善洞 166-24（서울시 종로구 익선동 166-24）
營業時間	11:30~22:30
交通方式	地鐵 3 或 5 號線鐘路三街站 6 號出口徒步 8 分鐘

室外有假山流水和小石路，好好拍。

招牌甜點말차딸기 몽블랑
(Green Tea Strawberry Mont Blanc ₩ 14,500)

有不少時令甜品和飲品。

吃蛋糕同時不妨配一杯使用阿拉伯咖啡豆製作的咖啡。

Cheese Industry 供應各種手工芝士、芝士蛋糕和麵包，還有精選咖啡。**店家最特別是會按時間推出不同鮮製芝士**，如布拉塔芝士（Burrata）、高達芝士（Gouda）、埃曼塔芝士（Emmental cheese）等。

Cheese Industry

치즈인더스트리

地址	首爾市鍾路區益善洞 166-33（서울시 종로구 익선동 166-33）
營業時間	10:00~22:00
網址	www.instagram.com/cheeseindustry
交通方式	地鐵 3 或 5 號線**鐘路三街站** 6 號出口步行 8 分鐘

招牌芝士包，一推出就立即售罄。

各款芝士按時間每日新鮮出爐。

多款 pâtisserie。

外表是韓屋的麵包店。

隱藏在益善洞胡同的自然度家主打鹽包，**鹽包是近年受韓國人歡迎的包點之一，經常大排長龍。** 自然度家鹽包為求達到最佳口感，進行了 100 次配料測試和 1000 次烘烤測試。每天共有 6 次出爐時間，分別是早上 9 點、中午 12 點 30 分、下午 2 點、下午 3 點 30 分、下午 5 點及下午 6 點 30 分，一日最高銷量達 7 千個。

仁寺洞・安國・益善洞・鐘路

自然度家 鹽包

자연도소금빵

地址	首爾市鍾路區益善洞 166-51（서울시 종로구 익선동 166-51）
營業時間	09:00~22:00
網址	www.instagram.com/saltbread. in.seaside
交通方式	地鐵 3 或 5 號線鐘路三街站 6 號出口步行 8 分鐘

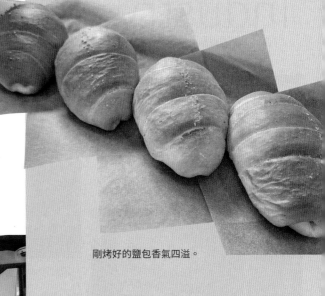

剛烤好的鹽包香氣四溢。

麵包師傅每天不停手即場製作鹽包。

包裝非常簡約。

由 Glow Seoul（星空圖書館設計團隊）打造的**鹽麵包外賣店**，以清澈透明的鹽製作出小夏鹽麵包，配上熱騰騰的咖啡就是最佳配搭。除了基本的鹽味，還有青葱、芝士、焦糖、粟米等口味，選擇比自然度家多元化。

小夏鹽田

소하염전

地址	首爾市鍾路區益善洞 166-45（서울시 종로구 익선동 166-45）
營業時間	09:00~21:00
網址	www.instagram.com/sohasaltpond
交通方式	地鐵 3 或 5 號線鐘路三街站 6 號出口步行 8 分鐘

招牌小夏鹽麵包。

各種 Topping 的小夏鹽麵包，有甜有鹹。

西巡邏街（서순라길）散散步

西巡邏街約一公里長，位於昌德宮對面馬路、益善洞旁邊與宗廟西邊之間。在朝鮮時代，以君王坐北朝南為基準，左邊是宗廟，右邊是社稷壇，而這條路位於負責巡邏宗廟的「巡邏軍」所在的「巡邏廳」以西，因此被稱為「西巡邏街」。

由英國旅行雜誌 TIME OUT 評選的 49 處「2021 年世界上最酷的地方」中，韓國鐘路三街排第三，而鐘路三街的西巡邏街在這兩年間有不少個性餐廳、酒館和咖啡廳進駐，令本來是舊城巷弄的地區，再次注入 MZ 世代最愛的個性和慢活元素。

地址	首爾市鐘路區西巡邏街（서울시 종로구 서순라길）
營業時間	咖啡廳 11:00~19:00、酒館 12:00~22:00
交通方式	地鐵 1、3 或 5 號線鐘路三街站 7 號、9 號、10 號出口均可達

Cafe 71sys：除了咖啡，也有各種非咖啡因特飲，還有手工綿花糖曲奇是招牌甜點。

Wine Bar Sull.a：韓屋酒館，除了生啤、手工啤酒、威士忌和洋酒等，還有不同雞尾酒。

Finders keepers：供應書籍和飲品的 Book cafe，還有自家出品的文創小物，不時會舉辦文化聚會和讀書會。

Heritage clubb：近年流行的 Cafe & Bar，白天是咖啡廳，晚上是帶另一種氛圍的酒吧，除了生啤和手工啤酒，也有近年在韓國流行的威士忌和琴酒。

提供咖啡、傳統茶和甜點，甜點是以柚子、野草莓、桃子等天然材料製作的水果涼粉。一樓能觀賞西巡邏街石牆景色是此店特色，二樓有室內和室外空間，露台位置還可以看日落。

Cafe Sa Sa
카페 사사

地址 首爾市鐘路區西巡邏街 147
（서울시 종로구 서순라길 147）

營業時間 12:00~19:00

交通方式 地鐵 1、3 或 5 號線鐘路三街站
7 號出口步行 5 分鐘

二樓雅座。

咖啡店外的西巡邏街石牆景色。

一樓位置，天氣好的時候，店主會拉開一扇門，景觀一流。

從二樓露台觀看日落。

지도 MAP

❶ HBAF ❷ 明洞 LU42 ❸ 明洞 ALAND ❹ SAPPUN ❺ Rainbow Apparel

明洞 會賢

명동 · 회현

近幾年間，明洞可說是變化最大的地方之一，明洞旅遊區慢慢回復從前繁華的氣氛，減少了很多重複的化妝品牌店，多了其他品牌店進駐，一到下午，小食攤販也回到原有街道。

加上首爾路 7017 計劃發展成熟，連帶周邊的會賢、首爾站都逐漸變化起來，行程上可以計劃由明洞向會賢、南山、首爾站方向漫遊。

Namdaemun
District
Tax Office

永樂教會

聖堂

Samil - daero

Henn na
Hotel

Sejong
Hotel   明洞亭
10

交 通 方 式

弘益大學站

↓ 地鐵 2 號線

市廳站		安國站

↓ 地鐵 1 號線　　↓ 地鐵 3 號線

首爾站	忠武路站	東大門歷史文化公園站

↓ 地鐵 4 號線　　↓ 地鐵 4 號線　　↓ 地鐵 4 號線

明洞站 / 會賢站	**明洞站 / 會賢站 / 首爾站**

一忠正路站

地鐵2號線

Seosomun-ro

4

翟師夫

Seosomun Shrine History Museum

Tongji-ro

Ramada Hotel

Shinhan Bank

崇禮門

法國駐韓大使館

藥峴聖堂

호수집

地鐵1號線

도마 중림동점

두툼

3

春秋夏우동

4

Hotel Manu

Toegye-r

5

6

7

The Red House

ゆず ラーメン

首爾路7017

9

2

Seoullo Plaza

10

11

8

Lotte Mart

站區直

9

Seoul Square

南大門 教會

K-pop Hotel

The House 1932

Mallijae-ro

1

9-1

24시 용산원조 감자탕

2

Focal Point

3

2

G5 25

Seoul City Tower

12

南大門市場

會賢站

Courtyard
Marriott

5

3

4

Tmark
Grand Hotel

7
8

K-pop
Residence

6

首爾站

서울역

首爾路 7017 中的「7017」包含多種意義，對首爾來說，意指從 1970 至 2017，是一個以都市再生、以人為本的城市計劃，也有「建造於 1970 年，重生於 2017 年」的意思。首爾路 7017 有 17 條人行步道，部分是將首爾站高架道路改建而成，可以由會賢站（南大門市場附近）步行至首爾站。

7017 的人行步道上種植了很多綠化植物和花卉，也設有多間餐飲場所、旅遊資訊中心「首爾路遊客咖啡屋」和首爾路紀念品店。

對文化及歷史有興趣的朋友，可以預約首爾文化觀光解說員徒步漫遊，行程包括「首爾路近現代建築之旅」、「由漢陽變為首爾」和「首爾路夜行」，費用全免。

交通方式 地鐵 1 或 4 號線首爾站 2 號出口，有電梯可達首爾路 7017 步道。

在 7017 上看舊首爾車站與新首爾站並列的全景，新舊共融。

明洞新景象

\ 2024 年 2 月 OPEN /

nyunyu（뉴뉴）

nyunyu 明洞 2 號店是 2024 年明洞最矚目店舖之一！它在東大門已具知名度，是大型飾品批發店，不過即使買一件也無任歡迎，每件都是 ₩1,000 起！

明洞 nyunyu 共有 3 層（截止截稿前 3 樓仍在裝修中），每一層都有賣耳環、手鏈、項鏈、髮飾，就連 925 銀飾品也有，款式多到令人眼花繚亂。nyunyu 的飾品風格非常多元，應有盡有，成人款、中性款以至小童款都有，男女也可以找到心頭好。

地址	首爾市中區明洞 2 街 55-2（서울 중구 명동 2 가 55-2）
營業時間	10:00~23:00
休息日期	不定休（請參看網頁）
網址	www.instagram.com/nyu_nyu_official/
交通方式	地鐵 4 號線明洞站 6 號出口步行 8 分鐘

近年流行的手袋、tote bag、背包。

925 銀的飾品款式也很不錯。

\ 2024 年 1 月 OPEN /

明洞 EMIS（이미스 명동）

EMIS 明洞旗艦店在 2024 年登陸！EMIS 走色彩繽紛路線，不同的單品、Cap 帽等等都很常在韓劇中出現，也是明星私下愛用品牌之一，例如申世景、孔曉振、宋慧喬、申世景、韓孝周等，特別一提是 Cap 帽設計很不錯，不會顯得頭大。明洞店非常大，樓高兩層，裝潢設計簡潔明亮，1 樓陳列帽子、包包、配飾；2 樓售賣衣服。

地址	首爾市中區明洞 8 街 17（서울시 중구 명동 8 길 17）
營業時間	11:00~23:00
網址	https://emis.kr/
交通方式	地鐵 4 號線明洞站 6 號出口步行 8 分鐘

2024 年春夏的糖果色系列。

1 樓陳列帽子、包包為主。

1 樓高至天花板的飾物牆。

HBAF 指的是品牌宗旨 "Healthy But Awesome Flavors"。相信很多人對牛油蜂蜜味杏仁都有深刻印象,也曾經是大家在韓國大型超市必定大手買入的零食手信。

HBAF 在這幾年間不斷研發新口味,現時已有超過 30 種味道杏仁及堅果,幾乎所有口味都是**從韓國人熟悉的菜式中研發**,例如辣炒年糕、辣雞麵、黑芝麻、青陽辣椒沙律醬等,也有韓國流行的甜品和具有地方特色的口味,有時更會研發引起獵奇心態的味道,還有以健康為題的一日一堅果包裝,創意十足!

全場最大的禮品包,內有多種口味。

HBAF

地址	首爾市中區明洞街 48(서울시 중구 명동가 48)
營業時間	11:00~21:00
交通方式	地鐵 4 號線**明洞站** 6 號出口徒步 3 分鐘

專門店可以一次過買到所有口味。

濟州島抹茶味,喜歡抹茶的朋友不要錯過。

韓國傳統年糕味,黃豆粉具點睛之用。

青陽辣椒沙律醬味,辣得好刺激。

由 70 年代的藥廠改裝而成的**複合文化空間**，像一個隱藏在城市中的文化溫室。

Piknic 位於明洞旁會賢站南大門市場和南山山麓之間，是可步行的距離，步行至南山公園大約 20 分鐘，到 N 首爾塔需要 40 分鐘，是城市散策探秘路線。

明洞 · 會賢 · 首爾站

piknic
피크닉

地址	首爾市中區退溪路 6Ga 街 30（서울시 중구 퇴계로 6 가길 30）
營業時間	11:00~19:00
休息日	星期一
網址	piknic.kr
交通方式	地鐵 4 號線會賢站 3 號出口步行 5 分鐘

玻璃溫室。

由此直走下坡路，便是會賢站 3 號出口。

建築物內外都是展覽空間。

Kafe Picnic。

大直長枱面向大幅落地玻璃。

一樓設有 Kafe Picnic 和 Bar Piknic，
白天是咖啡廳，晚上成為 Wine Bar。
地庫 1 樓是 Shop Piknic，常舉辦獨家
展覽，並為設計師提供可展示和出售
作品的地方。

建築物前方的玻璃溫室是 3 樓米芝蓮
一星餐廳 Zero Complex 栽種蔬菜的地
方，用餐只能提前預約。

店內設有自成一角的閱讀空間。

米芝蓮一星餐廳 Zero Complex。

屋頂天台也是散步及放空好地方。

受朝鮮時代已作爲商業街的南大門市場影響，這裏過去曾是縫紉工廠，後來又成爲包袱商旅店。早年和其他舊區一樣，舊建築慢慢地人去樓空。由 2022 年 11 月開始，小品牌和原創創作者在這裏開始打造書籍、咖啡、素食、工藝等多個領域的品牌實驗空間。

明洞 · 會賢 · 首爾站

2022 年 11 月 OPEN

Local Stitch

로컬스티치 회현

地址	首爾市中區退溪路 4 街 2（서울시 중구 퇴계로 4 길 2 외）
營業時間	11：00~21：00
休息日	星期一
網址	localstitch.kr
交通方式	地鐵 4 號線會賢站 4 號出口步行 2 分鐘

使用 eco-friendly 材料的文具品牌 Brooch card。

Local Stitch 群的其中一棟白色建築。

Still Books 位於 Local Stitch 的 2 及 3 樓，2 樓以消閒書及兒童書為主。

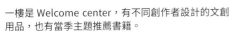

一樓是 Welcome center，有不同創作者設計的文創用品，也有當季主題推薦書籍。

當季主題書籍。

HOWKIDSFUL 是以小朋友和 kidult 為對象的品牌。

現時 Local Stitch 的紅磚樓和旁邊的白色建築物已有品牌進駐，另外附近的小建築物將會陸續增設不同領域的品牌實驗店和工作室。Local Stitch 暫時以 Still Books（2/F & 3/F）和 BKJN shop（4/F）為主。

以紙製的書托架。

Urban Live magazine。

3 樓則以藝術及音樂等主題書籍為主。

兩層設有不少閱讀空間。

BKJN 是店舖，也是展示區。

位於 Local Stitch 4 樓，BKJN 為 Book Journalism 的縮寫，是 2017 年在首爾成立的出版社。書籍結合新聞與時代需要，重新定義書籍和新聞之間的關係。

直至 2022 年，BKJN 已出版五類單行本和雜誌，為作者、讀者與社區之間建立教育關係。除了出版和文創產物，也花心思尋找有共同理念的創作者推出合作品牌，以高質、耐用、對環境有好處、可持續發展以及注重創作者與消費者之間互動等作為考慮要素。

明洞 · 會賢 · 首爾站

2022 年 11 月
OPEN

BKJN shop

地址	首爾市中區退溪路 4 街 2（서울시 중구 퇴계로 4 길 2 외）
營業時間	12:00~21:00
休息日	星期一
交通方式	地鐵 4 號線會賢站 4 號出口步行 2 分鐘

BKJN 的月刊雜誌。

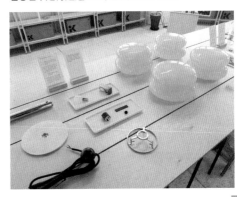

일광전구是有超過 60 年歷史的燈泡公司。

BKJN 實行快速出版（Fast publishing）策略，結合集體編輯系統和數據基礎決策，將業界平均需要 12 個月的書籍製作時間縮短到 3 個月，期望能做到像書一樣深入，卻又像新聞一樣快速地傳達知識和訊息。

Plastic Ark 將使用一次就扔掉的塑料進行特殊加工，製造出耐用和設計卓越的生活用品，例如花盆和手機殼。

日本品牌 SASAWASHI 不隨波逐流，以大自然素材製造耐用的生活用品，包括拖鞋、毛巾、襪子等，對皮膚無害。

常設歷史文物展覽。

1925 年建立的**舊首爾站**，在以往的 80 年間一直作為首爾交通的重要樞紐。2004 年 KTX 開通後，舊首爾站便不再作火車站使用，一度被荒廢，直至 2011 年進行內部復原工程，2021 年下旬以「文化站首爾 284」之名重新開館，成為**綜合文化空間**，是週末當地人帶小朋友和讓外國旅客認識韓國傳統文化的好去處。

明洞 · 會賢 · 首爾站

文化站
首爾 284

문화역서울 284

地址	首爾市中區統一路 1 首爾站（本屋）文化站首爾 284（서울시 중구 통일로 1 서울역 (본옥) 문화역서울 284）
開放時間	11:00~19:00
休息日	星期一
網址	seoul284.org
交通方式	地鐵 1 或 4 號線**首爾站** 2 號出口

各種傳統韓服。

日月五峰圖的新展示方式。昔日景福宮勤政殿是國王與朝臣議政之所，國王所坐位置後方正是日月五峰圖屏風。

在韓國綜藝節目 *Running Man* 中常見的遊戲打畫片（딱지）。

韓國傳統造紙及布藝技術。

2023 年首個企劃展覽兼體驗活動是「2023 Newtro Festival 今天的傳統」。Newtro 是近幾年韓國人常用的新造字，可以理解為新的復古熱潮，不是純粹懷舊，而是加入現代流行元素，成為現在的懷舊復古文化，且能在日常生活中感受到。

以韓服的彩緞製成的袋子。

延南磨坊 首爾站店（연남방앗간 서울역점）

位於舊首爾站內，主打芝麻味飲品，還有芝麻油、傳統韓國甜點、懷舊零食、咖啡及國菊花茶等產品，非常適合當作手信。

營業時間　08:00~20:00

韓國精品麻油。

韓國國菊。

磨坊招牌甜點。

連接首爾 KTX 站、首爾地鐵站及首爾機場站的樂天 Mart，原在 3 樓的 Food court 改造成為 Connect place，這是一個嶄新的城市生活文化中心平台。4 樓是商務用餐的高級空間，3 樓是能夠享受閒暇的市中心「迎賓露台」概念美食中心。

3 樓進駐了 18 家韓國人氣餐廳，包括各國美食、甜品和咖啡。

明洞 · 會賢 · 首爾站

2023 年 12 月
OPEN

Connect Place Seoul Stn
커넥트플레이스 서울역점

地址 首爾市中區漢江大路 405（서울시 중구 한강대로 405）

營業時間 10:30~21:00

網址 www.hanwhaconnect.co.kr/seoul/floor

交通方式
❶ 地鐵 1 或 4 號線首爾站 1 號出口
❷ 京義中央線首爾站 1 號出口，往右側 KTX 首爾站方向
❸ AREX 機場線首爾站哈次門出口，往右側 KTX 首爾站方向

首爾站。

首爾站的樂天 Mart 也重新粉飾，有更多行李儲物櫃，也有 WOW PASS 機。

首爾站設市區預辦登機服務。

航廈 1 需要最少 3 小時前辦好登機手續，航廈 2 則要最少 3 小時 30 分鐘。提供服務的主要為韓國航空公司。

李道以世宗大王第 18 代孫韓醫師的秘方，炮製出清爽及有深度的牛骨湯。**牛肉使用了國產韓牛**，湯頭加入了大量大葱，特別清香，味道有點像香港的清湯腩，可選配白飯或米粉是獨特之處。先喝啖湯，之後建議加入適量胡椒粉，不僅提味，微辛的味道暖胃又暖身。

2023 年 12 月
OPEN

李道 牛骨湯

ㅡㅡㅡㅡ 이도곰탕 ㅡㅡㅡㅡ

地址	Connect place 首爾站店 3 樓美食廣場
營業時間	08:00~21:00

李道牛骨湯米粉（₩ 13,000）。

牛骨湯以牛腩及牛腰為主。

建議加入適量胡椒粉。

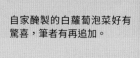

自家醃製的白蘿蔔泡菜好有驚喜，筆者有再追加。

酒館以 1956 年興建的**獨棟韓屋改建而成，**四周環境寧靜，特別有氣氛。酒館供應多款威士忌、雞尾酒、雪利酒及具季節性或地區特色的雞尾酒，還備有不同的下酒小食。

2022 年 9 月
OPEN

Cheong Parang

청파랑

地址	首爾市龍山區青坡路 93 路 46（서울시 용산구 청파로 93 길 46 청파랑）
營業時間	19:00~02:00
網址	www.instagram.com/cheongparang_seoul
訂座	https://app.catchtable.co.kr/ct/shop/Cheongparang
交通方式	地鐵 1 或 4 號線首爾站 15 號出口步行 3 分

酒館設有多種不同氛圍的座位。

剛入門喝威士忌者，可以合理價錢接觸各種威士忌，了解自己的喜好。

以當地特產融入雞尾酒中，帶來仿若從首爾站開始遊覽韓國各地般的感覺。

威士忌 Sampler（有
3 種，共 20ml），
由不同味道，到與電
影或音樂相關主題均
備，各具特色。

Fusion 創意融合傳統意念的下酒小食。

忌廉芝士配
梳打餅。

傳統韓式九節板 Platter，
有 9 種不同口味的下酒菜。

除了基本菜式，酒館還會
不定期研發新 Menu，例
如這道 2023 年 10 月推出
的香草牛油焗田螺。

地圖 MAP

- 동치미
- ⑥
- Earthquake Bakeshop
- AGU
- 一味樂
- Seongsuil-ro
- Charm Thai
- A piece & peace
- Patisserie Fruits
- Hello Museum
- 田子坊
- 有香笑
- Gwangnaru
- 청정옥
- 착한짜장
- Kyochon
- 라온석갈비
- Seongsuil-ro
- 연탄불꼼장어
- 중앙감속기
- 地鐵2號線
- 성수족발
- Baskin robbins
- 위풍당당족발
- Mongti Coffee
- 溫花
- 풍조미역
- 미도
- Cafe C
- 聖水站
- 광장족발
- 日日香
- Empty
- 世光 양대창
- Herge
- La Freak
- Dorrell
- Mom's Touch
- Lowkey
- DIOR
- Hotel Poco Uncommon Ground
- 곱당
- Dochi Pizza
- ⑤
- MOONTS
- massi
- Xiong Mao
- Brewing Ceremony
- Amazing Brewing Company
- Numero Tres
- Time after time
- 延茂莊
- 옹근달
- Yeonmujang-gil
- Pain de Echo
- 마를리
- ⑧
- ⑦
- Tongue Planet
- MO-NO-HA
- Realv
- Up side coffee
- Seon
- Spring G
- ACBF
- Supy
- ②
- 대낚식당
- Grandpa Factory Cafe
- 맛당음
- 張家
- Xesc Menzl
- 성수우동

- ❶ LCDC Seoul ❷ 聖水聯邦 ❸ AMORE 聖水 ❹ musinsa standard 聖水店
- ❺ Tom Greyhound ❻ MARHEN.J Flagship Store Seongsu
- ❼ Kinfolk Notes ❽ 韓貞仙

聖水洞位於城東區，附近有建大、廣津、首爾林、纛島漢江公園等，過去曾經工廠林立，以製作手工鞋聞名，不過隨着產業發展轉移，整區變得冷清起來。多得近十年城市再生發展，加上聖水洞的建築物帶有獨特工業風，空間大，租金便宜，吸引國際及韓國品牌在這裏設店，帶來新氣象。

聖水洞

성수동

交通方式

| 明洞站 |
| 地鐵 4 號線 ↓ |

| 東大門歷史文化公園站 | 弘益大學站 / 東大門歷史文化公園站 |
| 地鐵 2 號線 ↓ | 地鐵 2 號線 ↓ |

聖水站

聖水概覽

或者大家對這個地方有點陌生，就讓我先帶大家到處逛逛，找找感覺！

大林倉庫（대림창고）和 Onion 算是最早一批進駐聖水洞的咖啡店。紅磚建築的大林倉庫原是舊倉庫，現在變成咖啡複合空間，結合了藝廊和咖啡店。

地址 首爾市城東區聖水路 78（서울시 성동구 성수이로 78）

Newtro cafe Frolla 走歐美風路線，內裏有不少玩具擺設。旁邊的古着店也不要錯過。

地址 首爾市城東區練武場 17 街 5（서울시 성동구 연무장 17 길 5）

S-Factory 是聖水洞地標之一，由 4 個倉庫組成，很多國際時尚品牌也曾在此舉行發布會，包括 Chanel Paris-New York Métiers d'Art Collection Show、BIGBANG 出道 10 周年紀念展覽 BIGBANG10 THE EXHIBITION。

地址 首爾市城東區聖水洞 2 街 273-13（서울시 성동구 성수동 2 가 273-13）

其中一個本地品牌農心拉麵，於 2023 年初就在 S-Factory 舉辦了快閃 Pop up 體驗店。

除了介紹品牌歷史及展出產品之外，還有不少特別版紀念品，也可以參與自製個人化拉麵，更可在現場直接烹調。

\2023 年 11 月 OPEN/

LG 顯示器的藝術項目 **2023 OLED ART WAVE**，集合延續獨創性步伐的 5 組藝術家，和 OLED 為創作新作而一起進行的實驗性展覽，為期數月。

地址	首爾市城東區聖水洞 2 街 314-2（서울시 성동구 성수동 2 가 314-2）
開放時間	按展覽項目而異
網址	www.instagram.com/sceneseoul_official
交通方式	地鐵 2 號線聖水站 4 號出口步行 3 分鐘

소문난성수감자탕是超人氣的薯仔排骨湯店。

各大名店主題店。

在世界盃人氣更上一層的國腳孫興慜，是農心的代言人。

LCDC Seoul 是聖水洞的複合文化空間，由韓國時裝品牌 LE CONTE DES CONTES 興建，匯集了擁有相近理念的大小品牌。

建築物樓高 4 層，以簡約現代時尚風格、灰白設計為主，有收集日常生活小物的溫暖咖啡店、可以體驗多個品牌的空間、包含旅行和生活故事的時尚生活方式策展店、增添日常樂趣的小品牌店等，還有 Rooftop Bar，偶爾亦有不同主題的限定概念 Pop-up 店。

聖水洞

LCDC Seoul

地址	首爾市城東區聖水洞練武場 17 街 10（서울시 성동구 연무장 17 길 10）
營業時間	各店不一，以官網公佈為準
休息日	大部分星期一
網址	lcdc-seoul.com
交通方式	地鐵 2 號線聖水站 3 號出口步行 10 分鐘

LCDC Seoul 一樓。

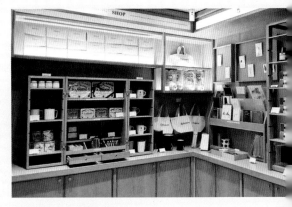

各種日用品、文具和食品。

Cafe 有多種設計空間。

部分收藏,有郵票、信封、畫作等。

大樓 1 樓是一家以小型紀念品展覽作概念的咖啡店 Cafe Ephemera,展出品牌代表外遊時收集到的郵票、車票、小型畫作,也有售賣他旅行時引入的日用品、文具和食品,既是 Cafe,也是品牌代表的收藏展,對同為旅人的訪客來說最有共鳴感。

營業時間 11:00~20:00

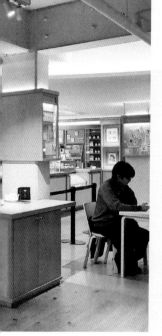

有機蜂蜜。

意大利傳統品牌 D. Barbero 出品的巧克力和鳥結糖。

SANNOLU(산노루)是濟州島的一個茶品牌。

Ephemera Signature coffee。

SHOP LCDC

2 樓是時裝品牌 LE CONTE DES CONTES Shop，衣服有文青風，也有適合上班及 SOHO 族的品牌。

營業時間　11:00~20:00

還有其他味道和以四季為題的香薰。

Oimu

3 樓是藝術家的工作室以及售賣精緻手工飾品的小店。當中生活品牌 Oimu 成立於 2015 年，備有設計工作室，除了一般生活用品，還有文具、書籍等。

營業時間　星期二至五 12:00~20:00、
　　　　　　星期六日 12:00~19:00
休息日　　星期一

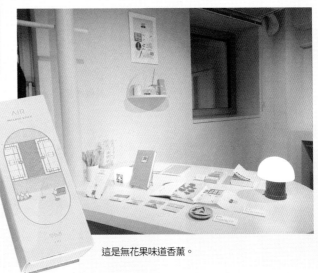

這是無花果味道香薰。

Yoanna

Yoanna 是用各種小物件打造日常幸福記憶的品牌店。店內的選物，不論是選書、文具、生活小物，都反映了店主對生活和幸福回憶的嚮往。筆者喜歡店主的選項，尤其是帶有復古風的文創產品。

營業時間　星期二至五 12:00~19:00、星期六至日
　　　　　　12:00~18:00
休息日　　星期一

聖水聯邦以舊工廠重新整修而成，是一個集合了生活風格商店、書店、餐飲店與小品牌的綜合文化空間。進駐店家包括生活風格品牌 "Thingool" 以及多個餐飲品牌。其中位於 3 樓的「天上家屋」為咖啡店兼文化娛樂空間，不僅提供場地租借服務，還會不定期舉辦文化活動和跳蚤市場。

聖水聯邦

성수연방

2022 年 10 月，聖水聯邦舉辦了 BTS 成員智旻的大型生日特別活動，將整棟建築化為拍照區，使這裏變得更知名。

地址	首爾市城東區聖水二路 14 街 14（서울시 성동구 성수이로 14 길 14）
營業時間	各店不一，以官網公布為準
Instagram	seongsu_federation
交通方式	地鐵 2 號線聖水站 3 號出口步行 5 分鐘

區內有名的餐廳 JAFA。

3 樓溫室型玻璃屋咖啡店「天上家屋」。

手工焦糖專賣店 Index Caramel。

生活用品品牌 Thingool。

AMORE 聖水是**著名韓國美妝產品**製造商 Amorepacific 位於聖水的總部。樓高三層，有別於一般商店只注重產品陳列，這裏佈置成一個**悠閒空間**，到處種滿植物，一樓更有落地玻璃面向庭園景的沙發休息區，讓訪客稍事歇息。

外國遊客登記入場後，可獲優惠券。

AMORE
聖水

아모레성수

地址	首爾市城東區峨嵯山路 11 街 7 （서울시 성동구 아차산로 11 길 7）
營業時間	星期二至日 10:30~20:30
休息日	星期一、年初一及中秋節
交通方式	地鐵 2 號線聖水站 2 號出口步行 3 分鐘

面向庭園景的沙發休息區。

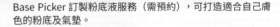

Base Picker 訂製粉底液服務（需預約），可打造適合自己膚色的粉底及氣墊。

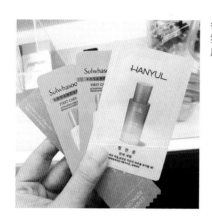

每人可憑券獲得 5 種試用裝。

可在此享用自助式或化妝師的化妝體驗。

旗艦店內的 Beauty Library 區域擺放了二千多個美妝品牌產品（部分更是一般門市所無），也提供多個自助位置，可以自由自在盡情試用產品，還可以享用專業化妝師的化妝服務和意見。

Puzzle wood 護膚品。

Amour 化妝水。

二樓設 Osulloc 咖啡店，可在此享用傳統韓國茶及其他飲品，同時欣賞首爾景色。

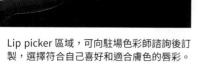

Lip picker 區域，可向駐場色彩師諮詢後訂製，選擇符合自己喜好和適合膚色的唇彩。

店內有售傳統韓國茶品禮盒。

musinsa standard 是韓國著名線上時尚品牌，**首爾最流行的基本衣着都能在這裏找到**，備有各種風格的男女裝。而這個線下賣場旗艦店提供了能親身試穿產品的機會。

除了聖水店外，還有弘大和江南店。

聖水洞 ——————— 2023 年 12 月
OPEN

musinsa standard
聖水店

地址	首爾市城東區聖水洞 2 街 271-22（서울시 성동구 성수동 2 가 271-22）
營業時間	星期一至五 08:00~21:00、星期六日 10:00~21:00
網址	www.instagram.com/musinsaterrace/
交通方式	地鐵 2 號線聖水站 3 號出口步行 5 分鐘

韓國品牌的大褸性價比高。

男女服裝都以型格易配襯風格為主，色系沉穩。

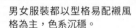

女裝有上班款式，也有上街 Casual 造型。

韓國現代百貨旗下選貨店，除了不時有國際品牌如 Acne、Alexander Wang、Band of Outsiders、Christopher Kane、J W Anderson、Peter Pilotto 和 Wanda Nylon 等來聖水店舉辦品牌活動，同時亦推動韓國品牌，是個非常特別的時尚平台，所以**每個月都有不同品牌進進出出，以保持新鮮感和潮流度**。如 2023 年 11 月舉行了男士冬季服裝搭配及 OUR LEGACY 研討會，還有 IOMG 聖水快閃，不少時尚明星都有出席。

Tom Greyhound

톰그레이하운드

地址	首爾市城東區聖水洞 2 街 302-12（서울시 성동구 성수동 2 가 302-12）
營業時間	11:00~20:00
交通方式	地鐵 2 號線聖水站 4 號出口步行 10 分鐘

1 樓是品牌 Hello Sunrise 服飾區。

2 樓是另一個品牌 Hippi。

MARHEN.J 是南韓純素時尚品牌，不使用動物皮革，其中一個系列的材料全由回收蘋果皮製成，就連朴寶英、LEA、少女時代秀英、李聖經、薛仁雅都追捧，也有不少韓星喜愛純素主義的 MARHEN.J 包包。

早前南韓總統夫人與總統出訪美國時使用了 MARHEN.J 的黑色手提包，一度成為時尚熱話。

聖水洞

2023 年 10 月
OPEN

MARHEN.J
Flagship Store
Seongsu

..... 마르헨제이 성수 플래그쉽스토어 .....

地址 首爾市城東區上元 12 街 34（서울시 성동구 상원 12 길 34）

營業時間 11:00~20:00

網址 https://m.en.marhenj.com/ 或 www.instagram.com/MARHEN.J/

交通方式 地鐵 2 號線聖水站 4 號出口步行 5 分鐘

休閒風和上班款都有不少選擇。

可以做手信的 Lolly bag A。

由韓國女演員薛仁雅代言。

MARHEN.J
(₩ 99,000)

MARHEN.J 的產品都是使用回收或純素材料。

MARHEN.J 暫時只有聖水洞兩層高的旗艦店,雖然不時有大型百貨公司設期間限定 Pop up store,但是聖水旗艦店有齊所有款式,還可退稅呢!

MARHEN.J. Mina
(₩ 129,000)

MARHEN.J. Kayi
(₩ 99,000)

2 樓 Showroom。

Kinfolk Notes 是近日**聖水洞新貴，屬 Slow luxury 奢華美容品牌**，其品牌概念是「如果能像香氣一樣把回憶裝進瓶子裏；如果絕對不會褪色，也不會消失；還有想回憶起來的時候，打開瓶子的瓶塞，如果能原封不動地再次感受那個瞬間」。

品牌以「用香氣寫我的故事 —— 慢活寫真集」作為主題。

오드 파팡 '베르사유의 장미 JANGMI 향（₩ 110,000）

Kinfolk Notes

킨포크 성수

地址	首爾市城東區聖水洞 2 街 320-1（서울시 성동구 성수동 2 가 320-1）
營業時間	11:00~20:30
網址	https://kinfolknotes.com/ 或 www.instagram.com/kinfolk_notes
交通方式	地鐵 2 號線聖水站 3 號出口步行 5 分鐘

有點像走進了香水實驗室的感覺。

各款香水及香薰。

店內兼售不同風格的書籍。

擴香器是韓國人喜愛的家居用品。

糯米糕（찹쌀떡）泛指用糯米做的糕點，種類繁多，最常見又傳統的是表面為白色糯米糕，裏面有紅豆餡的糕點。**韓貞仙是聖水洞著名韓國糯米糕店，除了傳統味道，還有各款水果口味，筆者最愛的就是用韓國當造紅柿子做的糯米糕，清甜不膩。**

紅柿子糯米糕
（홍시 찹쌀떡 ₩ 4,200）

2023 年 10 月
OPEN

韓貞仙
한정선

地址	首爾市城東區聖水洞 2 街 321-73（서울시 성동구 성수동 2 가 321-73）
營業時間	10:00~22:00
交通方式	地鐵 2 號線聖水站 3 或 4 號出口步行 5 分鐘

橘子糯米糕（₩ 3,500）

冬天熱賣的紅豆蓉士多啤梨糯米糕。

店面後方為廚房，每天源源不絕製作糯米糕，以保持新鮮。

只能外帶，購買後要 4 小時內食用。

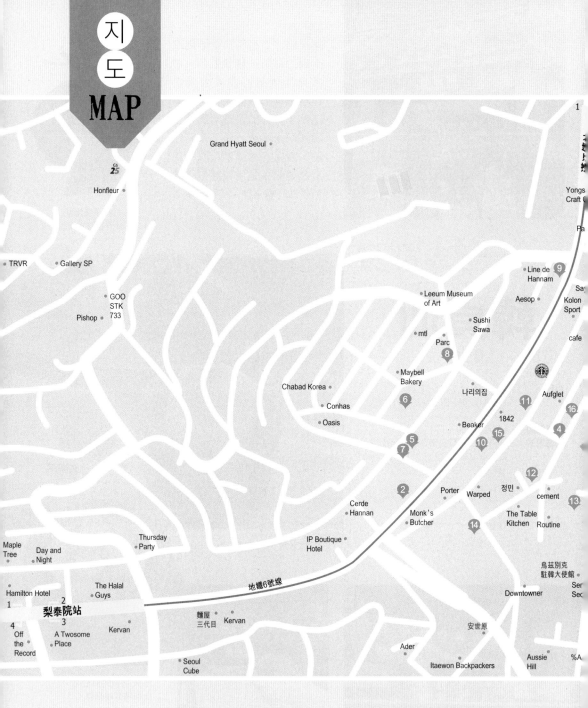

❶ LE SOLEIL pâtisserie ❷ Marithé françois girbaud Villa de Marithé
❸ COSMIC MANSION ❹ EPT ❺ AMUSE 漢南 Showroom ❻ 休 135 ❼ VEVERKA
❽ pesade ❾ Pace Gallery Seoul & Osucllo Cafe ❿ Nonfiction HANNAM
⓫ Hyundai card VINYL & PLASTIC ⓬ Mardi Mercredi ⓭ MSMR 漢南 ⓮ emis 漢南
⓯ Trend by me ⓰ Understandings

漢南洞位於梨泰院站至漢江鎮站之間，梨泰院是有名的世界美食街，也稱為「首爾小地球村」；因為歷史關係，駐韓美軍的龍山基地、各國大使館、領使館、異國風情的餐廳都設在梨泰院。漢南洞稍為偏離梨泰院，相對較有藝術氛圍，美術館、畫廊、藝廊、博物館等林立，跟聖水洞有點不一樣。這一帶有部分是豪宅區，除了外國人比較多，很多明星也喜歡住在這區。

漢南洞

한남동

交 通 方 式

弘益大學站	明洞站	東大門歷史文化公園站
↓ 地鐵 2 號線	↓ 地鐵 4 號線	↓ 地鐵 5 號線
合井站	三角地站	青丘站
↓ 地鐵 6 號線	↓ 地鐵 6 號線	↓ 地鐵 6 號線

梨泰院站 / 漢江鎮站

甜品店位於 2 樓。

駐紮了延禧洞近 5 年的法式甜品店 LE SOLEIL 搬到漢南洞重新開幕。LE SOLEIL 是法語，意思是太陽，**利用在溫暖陽光下生長的各種食材，創作出不同口味甜點。**

漢南洞　　2023 年 12 月
RELOCATE

LE SOLEIL pâtisserie
르솔레이

地址	首爾市龍山區梨泰院路 54 街 28 2 樓（서울시 용산구 이태원로 54 길 28 2 층）
營業時間	12:00~19:00
網址	www.instagram.com/lesoleil_official
交通方式	地鐵 6 號線漢江鎮站 3 號出口步行 5 分鐘

每件 Madeleine ₩ 3,000 起。

筆者到訪當天正是下雪天，靠在窗邊邊吃甜點邊賞雪，分外詩情畫意。

室內空間不大，但明亮簡潔。

傳統 Canelé，硬脆表層包裹褐色焦糖，
內裏散發着酒香和雲呢拿味。

LE SOLEIL 是瑪德蓮蛋糕（Madeleine）專門店，也
兼售可麗露（Canelé），是韓星們最愛的甜點店
之一。多款 Madeleine 有鹹有甜，有傳統口
味，也有大廚新創作的期間限定款式，主
要根據當造食材和節日而創作。

玫瑰荔枝味 Madeleine，
清香獨特。

甜點適合配着
Espresso 吃。

MARITE FRANSO 和 JUBER 是 1972 年由 MARITE BASHLUHI、FRANSO 和 JUBER 創立的法國時尚品牌，**將高端設計與休閒時裝結合，一直引領着潮流**。在韓國簡稱為 "Marithé"，帽子及髮箍等小單品是大熱產品，Classis logo 系列更是長青款，容易配搭，深受韓國大學生和小資上班族喜愛。

位於漢南洞的 Marithé 是韓國最大規模旗艦店，共設 3 層，備有男女及童裝。

漢南洞

2023 年 12 月 OPEN

Marithé françois girbaud Villa de Marithé

...마리떼프랑소와제버 빌라 드 마리떼...

地址	首爾市龍山區梨泰院路 229（서울시 용산구 이태원로 229）
營業時間	11:30~21:00
網址	www.instagram.com/marithe_kr/
交通方式	地鐵 6 號線梨泰院站 2 號出口步行約 5 分鐘

1 樓設有最新 Seasonal Collection 及童裝系列 "MARITE Anpang"。

2 樓是休閒及運動系列 "MARITE MOVE MANG"。

Cap 帽是韓國年青人衣櫥必備 Item。

B1 樓售牛仔服飾及精品，
設有試身室。

旗艦店限定的
Eco Bag。

走法式學院風格的 Marithé 進軍韓國後，
不少明星都愛上他們的小單品，朴敘俊、
MAMAMOO、ITZY、BLACKPINK Jennie、
潤娥、車貞媛、RED VELVET Joy 等都是
捧場客。

童裝系列。

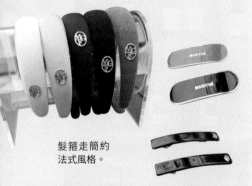

髮箍走簡約
法式風格。

休閒系列。

Villa de Marithé 限定紀念小熊，可更換其服飾。

COSMIC MANSION 以**純天然原料製作多種香味產品**，以 "Truly Your Scents, COSMIC MANSION" 為宗旨，希望客人透過天然香氣尋回真實自我，讓身心靈更充實，點燃心中重要的回憶與情感。

COSMIC MANSION
코스믹맨션

地址	首爾市龍山區梨泰院路 54 路 31 2 樓（서울시 용산구 이태원로 54 길 31 2 층）
營業時間	12:00~20:00
網址	http://cosmicmansion.co.kr/ 或 www.instagram.com/cosmicmansion
交通方式	地鐵 6 號線漢江鎮站 3 號出口步行約 10 分鐘

室內香薰、香水潤手霜、衣物香水、香薰蠟燭等系列。

香水潤手霜。

令人感到舒適放鬆的室內空間。

LINEN SACHET
亞麻香薰袋。

EPT 是 East Pacific Trade 的縮寫，**是主打休閒鞋、運動鞋及滑板鞋等的運動品牌。** EPT 採用了獨特的輪廓和氣墊技術，以極簡主義為產品進行反覆實驗，以製作出舒適又好配搭的鞋款。

EPT
······ 이피티 (이스트퍼시픽트레이드) ······

地址	首爾市龍山區梨泰院路 54 路 46（서울시 용산구 이태원로 54 길 46）
營業時間	11:00~20:00
網址	https://eastpacific-trade.com/ 或 www.instagram.com/eastpacifictrade/
交通方式	地鐵 6 號線**漢江鎮站** 3 號出口步行約 10 分鐘

休閒鞋備有多種顏色選擇。

各種色系服裝及配飾均備。

備有多款易配襯的 Cap 和 Tee。

AMUSE 是一個**純素美容品牌**，2022年在首爾漢南洞開設首家旗艦店 AMUSE HANNAM showroom，為 MZ 一代消費者提供新的純素美容生活。

店舖位於 3 樓，裝潢有點像走進 Gallery 的錯覺。1 樓是人氣的 Brunch cafe Summer Lane，主打澳洲式 Brunch。

2022 年 7 月
OPEN

AMUSE
漢南
Showroom

어뮤즈한남

地址	首爾市龍山區梨泰院路 55 街 49 3 樓（서울시 용산구 이태원로 55 가길 49 3 층）
營業時間	星期二至日 11:00~19:00
交通方式	地鐵 6 號線梨泰院站 2 號出口步行約 8 分鐘，或地鐵 6 號線漢江鎮站 1 號出口步行約 8 分鐘

AMUSE 純素大豆護手霜

以乳木果提煉，質地易推開，超保濕，並能使乾燥手部快速吸收，有 Unstress（無香味）、Energy（Green Fruity）和 Pleasure（Fresh Musk）三種，成為筆者送給純素主義朋友的貼心小禮物。

AMUSE VEGAN 是品牌的概念。

Poster 設計用色跳脫。

Showroom 的其中一角落設計成化妝間模樣。

與一般化妝品店不同，AMUSE HANNAM showroom 主打純素美妝，並集線上線下於一身，提供可親身體驗 AMUSE 各種產品的空間。Showroom 與藝術家 saki 合作，由包含 AMUSE 故事和取向的展示空間、尋回日常生活中閒暇的純素空間、充分體驗和感受產品的測試空間等組成，處處都可感受到 AMUSE 獨有的色彩和純素美容理念。

代言人 Red Velvet 成員瑟琪的唇彩系列。

植物萃取主題區。

還有各款彩妝產品，要來一個健康的 full make up 不是難事。

AMUSE Phytoncica ™ B5 Triple Hyaluronic Acid Essence

用於舒緩和保濕，可強力保水，特別適合在天氣乾燥的韓國使用。所有成分不含任何色素及香料，並經皮膚刺激測試，是低過敏性認證的產品。

大廚金世京是韓食研究專家，休135是他經營的**熟成牛排和釜飯（只限午市）**專門店。根據不同部位特點，牛肉至少經過21日的熟成。由飯前開胃菜、醬油以至每一種食材，選擇都一絲不苟，不論配啤酒還是紅酒、威士忌等都非常合襯。憑着細膩擺盤和精湛料理，店舖於2019年及2023年登陸首爾Blue Ribbon Survey上的美食店清單。

漢南洞

休 135

휴 135

地址	首爾市龍山區梨泰院路55na-6（서울시 용산구 이태원로 55 나길6）
電話	070-4155-0135
營業時間	星期一至五 11:00~15:00、17:00~23:00、星期六至日 11:00~16:00、17:00~23:00
交通方式	地鐵6號線**梨泰院站**2號出口步行約8分鐘，或地鐵6號線**漢江鎮站**1號出口步行約8分鐘

註：最好預約，也請準時到達。到訪當日目測當地人walk-in都要等30分鐘以上。

松露營養釜飯定食

定食會附送幾款自製小菜、野菜拌菜及以莙薘菜煮的大醬湯，食材和調味都經過深思設計。松露營養釜飯除了在飯上鋪了幾片新鮮松露，釜飯本身已有不同菌類和銀杏。上餐後，店員會提示食客要快手拌飯，用釜飯鍋的餘溫將松露炆熟。拌好後再加點手工醋同吃，或配紫菜，都可嚐到不同風味，足見主廚心思。

拌飯的時候用餘溫將松露炆熟。

鎮店的熟成肉櫃。

如坐 Bar 枱，可以欣賞到店員處理熟成肉的過程。

新鮮松露。

要說近兩年再次成為 MZ 一代和上班族熱話，全憑午市一系列的營養釜飯，人人都為其中一款釜飯而來，這就是**松露營養釜飯**。

這裏的釜飯選用有機農的百世米，午市常設純釜飯、松露營養釜飯、半乾魚鮮釜飯、牛油醬肉釜飯、海鮮釜飯等，有時會有 Special Menu，例如根據時令食材，提供如堤川的鰻魚釜飯，也可以追加單點不同部位的熟成烤肉。

水泡菜非常解膩。

香口的小菜魚脯乾。

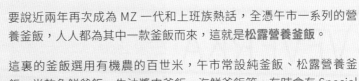

清爽的大醬湯。

拌紫菜同吃多添一份鮮味。

時令的拌野菜。

有不同菌類和銀杏作配料。

有機農的百世米，可以即場選購。

VEVERKA 是近期漢南**極具人氣的全天早午餐店**，除了提供早午餐，還有同樣甚受歡迎的法式吐司，外酥內軟，充滿雞蛋和牛奶香，加上法國產高級牛油和楓糖漿，甜鹹甜鹹的味道，就連住在韓國的法國友人都說正宗。

店舖位於紅磚建築物的 4 樓。

漢南洞

2023 年 10 月 OPEN

VEVERKA
베베르카

地址 首爾市龍山區梨泰院路 45 路 84 樓（서울시 용산구 이태원로 45 길 84 층）

營業時間 11:00~16:00、17:00~21:00

網址 www.instagram.com/veverkacafeseoul

交通方式 地鐵 6 號線梨泰院站 2 號出口步行約 10 分鐘

招牌法式吐司，滿口都是讓人心情愉悅的味道。

室內設計混合了韓風和法式浪漫。

近年韓國流行**以香水調製獨特味道的潤手霜**，香水品牌 pesade 成立於 2022 年，漢南店暫時只供應 3 款香水：Mid Mountain、The New Error 和 In Hindsight。Mid Mountain 混合玫瑰、琥珀、檸檬及麝香，有木香及東方花香；The New Error 以柑橘為主，混合茶香、胡椒及麝香；In Hindsight 以花香加入麝香、檀香、香桃等。

pesade 在包裝上也別具心思，有個性之餘亦很適合作手信，而筆者也給自己買了 Mid Mountain 潤手霜，又香又潤，容易推開及吸收。

2022 年 3 月
OPEN

pesade

地址 首爾市龍山區梨泰院路 49-16（서울시 용산구 이태원로 49 길 16）

營業時間 星期二至日 12:00~20:00

交通方式 地鐵 6 號線**梨泰院站** 2 號出口步行約 10 分鐘，或地鐵 6 號線**漢江鎮站** 1 號出口步行約 6 分鐘

3 款味道潤手霜，Mid Mountain 的木香令人愛不惜手。

有不同的禮物包，送禮一流。

洗手液也是香水味。

香水系列。

Discovery Set 正好給有選擇困難症，或 3 種香味都想擁有的朋友。

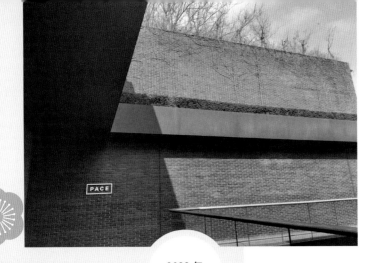

漢南洞的藝術氣氛濃厚，大大小小的 Gallery 和 Art Museum 都集中在這一帶，近年更有不少韓國及海外藝術家在此舉辦策展和展覽，同時也吸引一班具藝術創意的明星來訪，如 GD、BTS 的 RM 等。

漢南洞 ──── **2022 年**
Expand

Pace Gallery Seoul & Osulloc Cafe

地址 首爾市龍山區梨泰院路 267（서울시 용산구 이태원로 267）
開放時間 星期二至六 10:00~18:00
休息日 星期日及一
網址 www.pacegallery.com
交通方式 地鐵 6 號線**漢江鎮站** 1 號出口步行 3 分鐘

筆者採訪時正是有關光與空間的藝術展覽，這個是藝術家 Robert Mangold 的 Paintings and works on papers。

Cafe 外及地下一層有韓國熟男最愛的西裝品牌 Lansmere，韓國著名男演員車勝元也愛穿着此品牌條紋西裝。

一樓是另一位藝術家 Maya Lin 的 Natures knows No Boundaries。

美術館 3 樓設有戶外策展區。

漢南洞一帶除了有 Leeum Museum of Art 三星美術館、Studio Concrete (2014)、Foundry Seoul (2021)、Amado art space (2013)，還有 Pace Gallery Seoul。提提一個重要貼士，就是到訪前必須到它們的官方網站查看策展資料及開放日期、時間，免得碰上佈展期和休息日就白行一趟了！

不要錯過以藝術作主題的 Osulloc Cafe，屬漢南洞獨有。

Cafe 其中一角是藝術書櫃，藏書豐富。

Osulloc Cafe 也有主題書籍。

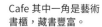

漢南洞 Osulloc Cafe 內也有主題策展。

香薰品牌 Nonfiction 以中性的木質調和香氣為主軸，男女合用，曾多次被韓國版的 VOGUE、GQ 等時尚雜誌專欄推薦，成為韓國 20 代女星、MZ 一代最愛。

品牌標榜**以天然原料製成**，並加入植物萃取成分，不含化學物質及防腐劑，敏感肌人士也可放心使用。包裝設計簡單有質感，帶清雅的韓國風格。

漢南洞

Nonfiction HANNAM
논픽션

地址	首爾市龍山區梨泰院路 242（서울시 용산구 이태원로 242）
營業時間	10:00~20:30
交通方式	地鐵 6 號線**梨泰院站** 2 號出口步行約 8 分鐘，或地鐵 6 號線**漢江鎮站** 1 號出口步行約 8 分鐘

各款香水陳列置中。

中庭的展示及試用區。

Gentle Night 及 Santal Cream Body lotion。

深受女士最愛的 Gaiac Flower 和 Forget Me Not 味道 Body wash。

潤手霜為最受歡迎的產品。

香薰蠟燭。

Nonfiction 的產品包括香水、香水味潤手霜、沐浴系列、香薰蠟燭等，共有 6 款香氣，最熱賣是 Santal Cream、For Rest、Gentle Night 等。Nonfiction Discovery Set 一套已包含全部香氣，是手信好選擇。店內設有多個展示區、試用區及洗手台，讓客人可以在店內親身使用洗手液、潤手霜等，試真才入手！

Nonfiction 商品價格沒有到很貴，但予人高級感的包裝讓人愛不釋手。

這種包裝很適合當作手信。

For Rest：檜木香、雨後森林的中性味道
Santal Cream：無花果
Gentle Night：香草、麝香
Gaiac Flower：玫瑰香
Forget Me Not：柑橘
In The Shower：橙香

設有洗手台，方便試用後清洗。

品牌也有推出 Room spray。

VINYL & PLASTIC 是漢南洞大型黑膠唱片店，是可以同時**享受咖啡和黑膠唱片音樂**的空間。2020 年 9 月 BTS 就在這裏舉行了 Tiny Desk (Home) Concert，因而令世界各地的粉絲 "Army" 都來此朝聖。

喜歡音樂和黑膠唱片的朋友更不可以錯過這裏，除了出售黑膠唱片，還可以**免費試聽**，感受一下黑膠唱片音色的魅力。筆者到訪時也見不少韓國年青人在排隊，體驗之餘也是一場有關音樂欣賞的教育。

漢南洞

Hyundai card VINYL & PLASTIC

地址　首爾市龍山區梨泰院路 248 號（서울시 용산구 이태원로 248）

營業時間　星期二至六 12:00~21:00、星期日 12:00~18:00

休息日　星期一

交通方式　地鐵 6 號線**梨泰院站** 2 號出口步行約 10 分鐘，或地鐵 6 號線**漢江鎮站** 1 號出口步行約 6 分鐘

當月 DJ 推介的黑膠唱片流行榜。

筆者的韓國朋友常在這裏尋寶。

200 picks 是特選 200 首可體驗的音樂。

不同音樂風格及不同年代的黑膠唱片。

試聽區滿座，全都是韓國年青人。

韓國品牌 Mardi Mercredi 由 Peace Hwamok Park 和 Valerie S Lee 兩夫婦於 2018 年創立。品牌**招牌圖案為各種顏色的花卉**，這是源於妻子相信沒有女人討厭花，遂要求丈夫以「花」創作圖案，丈夫就在一夜之間創造了帶有休閒、俏皮和精緻感的「flowermardi」圖案，從而令品牌成為韓國當今最暢銷的設計師品牌，深受年輕人喜愛。

Mardi Mercredi 在法語中的意思是星期二和星期三。即使是平日下午，店外也見人龍。

2022 年 4 月
OPEN

Mardi Mercredi
마르디 메크르디

地址	首爾市龍山區梨泰院路 54 街 58（서울시 용산구 이태원로 54 길 58） **二店：**首爾龍山區梨泰院路 54 街 58-26（서울 용산구 이태원로 54 길 58-26）
營業時間	星期二至日 11:00~19:00
休息日	星期一
交通方式	地鐵 6 號線**梨泰院站** 2 號出口步行約 8 分鐘，或地鐵 6 號線**漢江鎮站** 1 號出口步行約 8 分鐘

春秋季也適合的衛衣款。

品牌由《孤單又燦爛的神－鬼怪》女主角金高銀代言。

Classic logo cap。

MARDI 23 系列——23SPRING part2。

MARDI summer。

漢南洞

MSMR 位於 3 樓。

既是襪子店也是咖啡店的 MSMR 意思是 Miss 和 Mr。賣場部分除了有各種款式和價格的襪子，還有 Tee、環保購物袋、筆記本等，**全部配有可愛特別的包裝**。店裏還設有可以一邊觀賞產品一邊舒適地休息的咖啡店。說是咖啡店，不如說是店家以茶招待大家的一個小小休息地方。

進店一刻，店員會奉上一杯熱茶，並細心講解體驗方式。

2022 年 8 月
OPEN

MSMR
漢南

地址　首爾市龍山區漢南洞 657-21 三樓（서울시 용산구 한남동 657-21 3 층）

營業時間　星期二至日 11:00~20:00

休息日　星期一

交通方式　地鐵 6 號線梨泰院站 2 號出口步行約 8 分鐘，或地鐵 6 號線漢江鎮站 1 號出口步行約 8 分鐘

產品種類不少。

筆者最愛在韓國買羊毛襪，品質很好。

買襪子會附送貼紙。

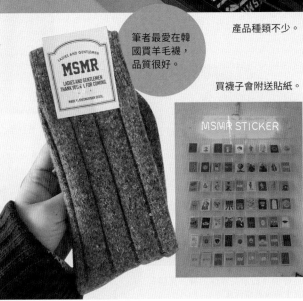

送禮自用都可以自選盒子包裝。

emis 是韓國人氣潮流品牌，Every Moment Is Special 是品牌宗旨。emis 走色彩繽紛路線，多款單品、Cap 帽等等**常在韓劇中出現**，也是許多明星如申世景、孔曉振等的貼身小物，尤其是小手袋，被宋慧喬、申世景、韓孝周等女星用過都會成為熱潮。

位於漢南洞的 Showroom 常見人潮，連帶旁邊的韓國品牌店 Lookast 也火起來，其服飾同樣也是韓劇常客。

emis 漢南是 Showroom，另一家位於聖水洞。

emis
漢南
이미스 한남

地址	首爾市龍山區大使館路 5 街 27（서울시 용산구 대사관로 5 길 27）
營業時間	12:00 – 20:00
交通方式	地鐵 6 號線梨泰院站 2 號出口步行約 8 分鐘，或地鐵 6 號線漢江鎮站 1 號出口步行約 8 分鐘

emis 的小袋也是走鮮艷路線。

各款單品陳列一目了然。

韓國服裝店 Lookast。

MSMR 和 Nonfiction 就在附近，Shopping 夠集中。

美妝和生活方式都可以自主選擇的小店，分成三個小品牌：Trend by me、ACCOJE 和 Relax in Jeju，一家小店就集合了插花藝術、濟州製造的護膚品和 Relax in Jeju 的沐浴系列體驗區和花卉咖啡店。這裏會不定期舉辦 Beauty Class，也可以 Walk in 體驗插花。

集花店、美妝店及咖啡店於一身。

Trend by me

트렌드바이미

地址 首爾市龍山區梨泰院路 242
（서울시 용산구 이태원로 242）

營業時間 11:00~20:00

交通方式 地鐵 6 號線**梨泰院站** 2 號出口步行約 8 分鐘，或地鐵 6 號線**漢江鎮站** 1 號出口步行約 8 分鐘

可以在 Kelly's Corner 選購花卉。

插花藝術班。

筆者到訪當天就有小情侶在上 Flower class。

ACCOJE 系列是真正的 Made in JeJu，因為它的研究所正設於濟州島。

Relax in Jeju 的沐浴系列所用的香草如 Rosemary 都是在濟州島種植。

品牌着重長青和現代輪廓，Classic 系列以古典線條和米色材料展現出女性的美麗和機智，而且講求配搭自然流暢，廣受職場女性歡迎。

店內有大型平板，可參考配搭、查看存貨和訂貨。

Under-standings

언더스탠딩

地址　首爾市龍山區漢南洞 683-17（서울시 용산구 한남동 683-17）
營業時間　星期二至日 12:00~20:00
休息日　星期一
交通方式　地鐵 6 號線梨泰院站 2 號出口步行約 10 分鐘，或地鐵 6 號線漢江鎮站 1 號出口步行約 6 分鐘

款式自然時尚，職場女性尤其喜愛。

筆者到訪當天正做 7 折季尾減價。

設計具高級感。

지
도
MAP

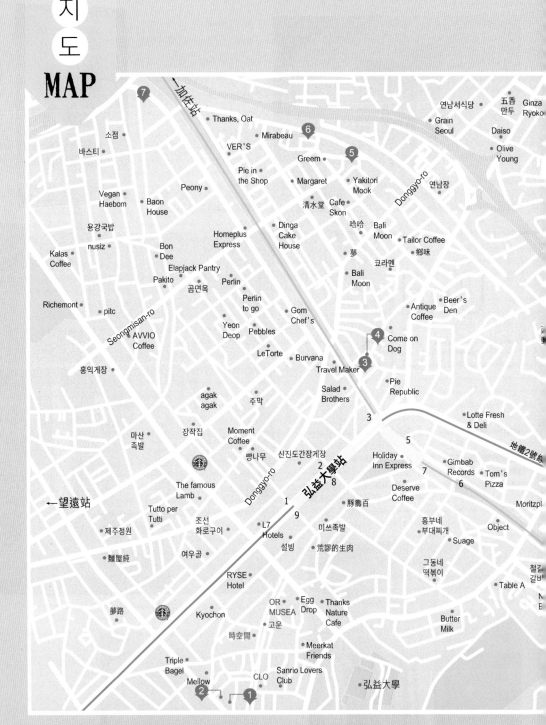

❼ Thanks, Oat
소점
바스티
• Mirabeau
VER'S
❻
Greem
• Margaret
❺
Pie in
the Shop
Yakitori
Mook
Peony
清水堂
Cafe
Skon
Vegan
Haebom
• Baon
House
哈哈
Bali
Moon
Dinga
Cake
House
Tailor Coffee
鄉味
용강국밥
nusiz
Homeplus
Express
夢
Kalas
Coffee
Bon
Dee
코라멘
Bali
Moon
Elapjack Pantry
Pakito
Perlin
Beer's
Den
Richemont
• pitc
곰면옥
Perlin
to go
Gom
Chef's
Antique
Coffee
Seongmisan-ro
Yeon
Deop
Pebbles
Come on
Dog
❹
AVVIO
Coffee
LeTorte
❸
홍익게장
Burvana
Travel Maker
Pie
Republic
agak
agak
주막
Salad
Brothers
3
Lotte Fresh
& Deli
마산
족발
장작집
Moment
Coffee
5
地鐵2號線
빵나무
신진도간장게장
Gimbab
Records
❼
Tom's
Pizza
❻
The famous
Lamb
Holiday
Inn Express
8
Deserve
Coffee
Moritzpl
Tutto per
Tutti
조선
화로구이
1
豚壽百
흥부네
부대찌개
Object
제주정원
L7
Hotels
9
미쓰족발
荒謬的生肉
Suage
麵屋純
여우골
설빙
그동네
떡볶이
夢路
RYSE
Hotel
Kyochon
OR
MUSEA
고운
Egg
Drop
Thanks
Nature
Cafe
Butter
Milk
Table A
時空間
철길
갈비
Triple
Bagel
Meerkat
Friends
弘益大學
Mellow
❷
CLO
❶
Sanrio Lovers
Club

連佐站
東橋路 Donggyo-ro
연남서식당
五香
만두
Ginza
Ryoko
Grain
Seoul
Daiso
Olive
Young
Donggyo-ro
연남장
← 望遠站
Donggyo-ro
弘益大學站

❶ Covernat ❷ What it isNt ❸ Café knotted ❹ Espoir creation shop
❺ Koriko Cafe ❻ Travel Bookshop ❼ Zerowaste Home

弘大 • 望遠 • 延禧 • 延南 • 孔德

홍대 • 망원 • 연남 • 연희 • 공덕

麻浦區是韓國年輕族的時尚指標，而且韓國有名的藝術大學——弘益大學就在附近，為這個充滿活力的地區增添了藝術氣息。弘大是麻浦區最熱鬧的地方，日與夜氣氛各有不同，尤其晚上的 Clubbing 文化，更是韓國年輕人週末的必備節目。

想尋找更多清新小店，可以漫步新興的延南洞、延禧洞尋寶。延南洞旺中帶靜，文化街、特色咖啡館街也位於這一帶，近年不同領域的創作人在這個小區開設小店、工作室等，形成文青小區。

再多走幾步就到達望遠洞，望遠市場是首爾傳統市場，物價在首爾市中算低廉，由於有許多文青小店進駐望遠洞，加上其他觀光市場在假日都人潮不絕，於是望遠市場深受在地人和年輕人喜愛。之前男團 Wanna One 都曾經造訪，不少綜藝節目都喜歡在此取景拍攝。其位置鄰近望遠漢江公園，可以帶着美食到公園野餐。

交 通 方 式

地下鐵各站		
↓ 地鐵 2 號線或機場線	↓ 地鐵 6 號線	↓ 地鐵 5 號線、6 號線、京義線及機場線
弘益大學站	**望遠站**	**孔德站**
↓ 徒步十數分鐘		
延南洞 / 延禧洞		

지도

MAP

망원떡갈비

Blu
Cucina

우이락   고향집

Chemical
Sisters

Push Off

手打麵   Michael   Sasim   Crème
Crème

鮮味
韓方雞湯   望遠市場

Creamday

8

碧

Below

벚꽃

라화쿵부   Dib

밀면집

From Hanoi

Ugly Bakery

Lotte
City
Hotel

Coffee
Grocery

14 I am
Bagel

추어탕
삼계탕

13

2

1

마포교회

孔德站

Charm &
Charm

8

Aroma
Thai Spa

10

역전회관   Montebi
Seoul

Mapo-daero

11

地鐵5號線

9

15

釜
海

Egg drop   長壽海鷗

Four
Chairs

12

弘大 · 望遠 · 延禧 · 延南 · 孔德

홍대 · 망원 · 연남 · 연희 · 공덕

延禧

孔德

Map labels:

SM Entertainment

달짜

야키토리 도토리

Roast Pig

DA

동경

명랑핫도그

망원그곳

蕎麥食堂

경기떡집

孔德市場

BK

五香豬腳 · 青鶴洞

Mallijae-ro

望遠站

地鐵6號線

6

Olive Young

7

地鐵6號線

101

104

105

107

104

103

106

102

111

101

113

emart

마포문화원

Baekbeom-ro

계림원

10

京義線

Saechang-ro

價値Bar

대두소곱창

弘大 2024

弘大文化觀光藝術區。

對於女生來說，弘大的服飾風格最多樣化、價格最易入手、性價比最高。疫情過後，對部分化妝品品牌來說衝擊比較大，但是對於服飾店就多了一些中價品牌，是韓國女大學生、小資女生們的好選擇，適合大家選購作上班或約會用，款式類似韓綜《換乘戀愛》主角們的穿搭風格呢！以下 4 間是韓國女生給予好評的小店，不妨參考一下。

고운

고운在大街上一列女裝店中有突出的格調感，主打 Earth tone 斯文上班服，二樓也有其他服飾及少量飾物，店長的推薦在評論區都有一致好評。

地址 首爾市麻浦區弘益路三街 25（서울시 마포구 홍익로 3 길 25）
營業時間 12:00~21:00

非常震撼眼球的飾品木質牆架。

時空間（시공간）

「時空間」最具標誌性的設計，就是由地面幾乎至天花板的飾品木質牆架，上面掛滿琳瑯滿目的飾品，一面牆是戒指，一面牆是耳環，一面牆是長項鏈，一面牆是手鏈，還有各款頭飾。每一次與朋友到訪，都會不知不覺便花上一小時選購。

地址 首爾市麻浦區弘益路三街 44（서울시 마포구 홍익로 3 길 44）
營業時間 12:00~23:00

款式不錯，部分是 925 純銀，也有跟設計師聯成的系列。

CLO studio（클로 스튜디오）

CLO studio 共有地舖及地下一層，款式多，用料沒有廉價感，主要走輕熟路線及學姐風，衣服、大褸、鞋、包包應有盡有，價格由 ₩5,000 起。最重要的一點是，店內設有試身室，可試真才入手！

地址	首爾市麻浦區和諧廣場路 70（서울시 마포구 어울마당로 70）
營業時間	12:00~23:00

衫褲鞋襪款式多，款式易配搭。

地下一層有更多選擇。

鞋、袋及帽子也有多個款式。

OR MUSEA

風格與 CLO studio 相似，但用色比較大膽。

地址	**1st Store**：首爾市麻浦區臥牛山路 27 街 76（서울시 마포구 와우산로 27 길 76）
	2nd Store：首爾市麻浦區和諧廣場路 98（서울시 마포구 어울마당로 98）
營業時間	12:00~20:30

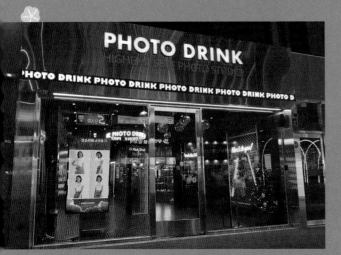

Photodrink 可說是近年大熱自拍館。

在香港曾盛極一時的影貼紙相，現在已經被韓國的自拍相館人生四格完美地取代，而且更進化成不同風格的自拍相館。

在韓國到自拍館影相是朋友聚會後必去的人氣地方，人生四格相機已進化到可以拍個人 Profile 照，就算一個人去，在沒有攝影師的情況下，一樣可以拍到自己的半身或全身 Profile picture。而且收費相宜，大多只是 ₩ 4000 起就可以打印出 2 張四格，與朋友一人一張；如果同行人數多需要多印幾張，也可以在拍攝前的選項增加印出張數，按數量加錢。

筆者與不同朋友去過多間自拍相館體驗，發現每一間店都有不同的設施和飾物可用，部分更提供梳妝台，加上相機的美顏和自動調色極自然，很難會拍出難看的相片呢，相信這些都是自拍相館大受歡迎的主因。

在韓國較具規模的相館有 Selpix、可拍個人照的 Photomati、有多種卡通相框選擇的 Photo Signature、可與明星合影的 Photoism、有高清彩色原片的 PHOTOGRAY、走文青極簡路線的 Haru film 和走型格路線的 Photodrink 等等，數之不盡，當中以弘大最集中。

備有多款眼鏡同頭飾可用。

貼心位之一：提供梳妝台。

사진 한 장에 비닐봉지 한 장만 가져가세요.
Take only one plastic bag per photo.
카드 사용 가능
Card available

貼心位之二，提供膠套予客人好好保護照片。

可以參考時下韓國年輕人最愛的拍照姿勢。

人生四格自拍機有很多種,但操作大同小異,大部分的頁面會有中文、英文,大致上清晰易懂。除了用現金(紙鈔)付錢,有些也提供信用卡結帳(可用海外卡、NAMANE 卡),結帳後就會出現倒數畫面,所以記得付錢前先想好要擺甚麼姿勢啊!

部分機台會提供 QR Code,可下載相片電子檔,有些新機還可以收錄拍照過程的 Time lapse video,很搞笑的。

自拍機內部。

這一款就是 Photodrink 最受歡迎、可拍出 Model 感的自拍機。

小貼士

有好多新機只接受 Debit card,包括有儲值功能的交通卡,充值後就可以如韓國人一樣,用 Debit card 就可以拍照了!部分機種可接受 ₩ 1000 現金,有些店則提供換鈔機。

COVERNAT 走休閒學院風，是很多韓國大學生喜愛的品牌。弘大旗艦店可說是風格、種類和 Size 最齊全，共有兩層，帽子、包包、配件、各種風格服飾齊備，配搭容易，適合出席各種場合。

弘大・望遠・延南・延禧・孔德

Covernat
커버낫

地址	首爾市麻浦區西橋洞 367-9（서울시 마포구 서교동 367-9）
營業時間	12:00~21:00
網址	www.covernat.net
交通方式	地鐵 2 號線**弘益大學站** 9 號出口，或地鐵 2/6 號線**合井站** 4 號出口步行約 10 分鐘

1 樓空間。

B1 樓空間寬敞，光潔明亮。

Tote bag 及 Cap 帽選擇也多。

店舖共設兩層。

What it isNt 由街頭滑板教父 Mark Gonzales 創辦，**走自由、奔放風格，黃色小天使是品牌標誌**，不過很多人會叫它做「黃色小鳥」。弘大旗艦店共有兩層，1 樓展示當季最新商品，2 樓是滑板服飾專區，還有一台自助拍照機可以免費拍照。

What it isNt

와릿이즌

地址	首爾市麻浦區西橋洞 367-12（서울시 마포구 서교동 367-12）
營業時間	12:00~22:00
網址	www.wiisnt.co.kr
交通方式	地鐵 2 號線**弘益大學站** 9 號出口，或地鐵 2/6 號線**合井站** 4 號出口步行約 10 分鐘

2023 年冬季商品。

Knotted 的品牌形象是個 Q 版微笑臉，**最受歡迎是各式各樣鮮奶油甜甜圈**。首家店於 2017 年開設在島山公園，每日賣出超過 3,000 個甜甜圈，在 KOL 及韓流明星的捧場及推薦下，品牌快速成長，至今已有 14 家店。Knotted 甜甜圈的特色是將麵糰兩面油炸，之後夾入或灌入絲滑順口的各種鮮奶油，入口盡是馥郁奶香，甜而不膩的風味讓人一試上癮。

弘大‧望遠‧延南‧延禧‧孔德

Café knotted
노티드

地址	首爾市麻浦區東橋洞 190-1（서울시 마포구 동교동 190-1）
營業時間	11:00~22:00
網址	www.instagram.com/cafeknotted/
交通方式	機場鐵路 A'REX、京義‧中央線及地鐵 2 號線弘益大學站 4、5 號出口之間

Knotted 甜甜圈有多種口味。

笑臉的周邊產品好可愛。

Espoir creation shop 不時有各種主題的 Showcase 體驗，近期更可以現場訂製個人化眼影盤。如事前在官網預約，更可透過彩妝師分析臉型五官，再進行臉型及妝容諮詢。在這裏最好的就是可以試勻所有新推出產品！

Espoir creation shop
에스쁘아

地址	首爾市麻浦區東橋洞 148-14（서울시 마포구 동교동 148-14）
營業時間	11:30~20:30
網址	www.espoir.com
交通方式	地鐵 2 號線弘益大學站 3 號出口步行 10 分鐘

所有 Espoir 系列。

眼影及唇彩有超多選擇，可按自己喜好 Mix and match。

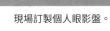

現場訂製個人眼影盤。

Koriko Cafe 是由吉卜力官方授權經營的《魔女宅急便》主題咖啡廳，從裝潢、室內設計、餐點飲品、生活雜貨都可看見宮崎駿電影的元素，包括《哈爾移動城堡》、《千與千尋》、《天空之城》、《龍貓》、《魔女宅急便》、《夢幻街少女》、《幽靈公主》、《風之谷》、《貓之報恩》、《風起了》等。

弘大·望遠·延南·延禧·孔德

2022 年 10 月
OPEN

Koriko Cafe

코리코 카페

地址 首爾市麻浦區成美山路 165-7
（서울시 마포구 성미산로 165-7）
營業時間 11:00~21:00（最後點餐時間
20:00）
交通方式 地鐵 2 號線弘益大學站 3 號出口
往延南洞方向步行 15 分鐘

註：cafe 實行預約制，也可現場取號。

以魔女琪琪打工的麵包店為設計藍本。

魔女琪琪郵票。

延南店限定的紅茶禮品包。

宮崎駿電影主題紀念品區。

一樓是紀念品區和 cafe。

二樓主要是 cafe 雅座，天氣好時會開放露台座位區。

建築物完美地複製了《魔女宅急便》主角琪琪打工的麵包店，從進入大門的一刻，就像進入了宮崎駿的電影世界。延南店除了有超可愛的貓咪吉吉美式咖啡和吉吉造型慕斯蛋糕外，還售賣多款日本版紀念品，部分更是延南店限定。

魔女琪琪 Tee 質感很不錯。

cafe 供應的包點。

明信片郵箱。

留意貼有「Koriko Cafe 한정 산품」就是代表延南店限定商品啊！

電影《千與千尋》的無臉男 Corner。

由 Go&Do 經營的旅遊書店,包含書、旅行、酒店等旅行生活哲學。書店不大,但每個角落都有主旨:牆上掛有不同國家及風格的文創作品和明信片,中央位置是每一期的書籍策展主題區,筆者到訪時碰上以未來旅行為主題的展覽。書店一隅是酒櫃,貫徹店主的旅行生活哲學——Book, Wine and More!

弘大・望遠・延南・延禧・孔德

2022 年 8 月 RENOVATE

Travel Bookshop
책크인

地址	首爾市麻浦區成美山路 29 -29 2 樓(서울시 마포구 성미산로 29 안길 29 2 층)
營業時間	留意官方 IG
Instagram	https://www.instagram.com/checkin_books/
交通方式	地鐵 2 號線弘益大學站 3 號出口往延南洞方向步行 15 分鐘

書籍策展主題選書區。

以韓國作家視角看台北。

設有座位供閱讀。

充滿異國風情的明信片。

酒櫃裏的酒選擇不少。

지구샵（地球店）Zerowaste Home 以 Zero Waste 之家爲概念，鼓勵人們在日常生活中實踐沒有浪費的生活。延南地球店有不少親地球、親環境的品牌，也設零碳及純素產品介紹、替換裝站（洗滌劑、纖維柔順劑、洗手液、天然粉末、香薰精油）、資源循環站（瓶蓋、牛奶盒、空瓶、紙包等）。

店內的設計像家的角落，如廚房、浴室、花圃和書房。

Zerowaste Home

지구샵

地址 首爾市麻浦區延南路 93（서울시 마포구 연남로 93）
營業時間 11:00~21:30
休息日 星期二
交通方式 地鐵 2 號線**弘益大學站** 3 號出口往延南洞方向步行 15 分鐘

品牌種類多，可以找到多款生活雜貨。

地球店還有一個 Jigu School 的企劃，提供各種體驗課程，都是以健康生活爲主題的工作坊，包括有機種植、健康飲食、Zero waste planting 等，務求在日常生活中進行教育。

環保肥皂，原來是用來洗碗的。

很多廚房小物都可以很環保。

望遠市場是首爾最具代表性，也是麻浦區最大的傳統市場，以民生所需為主，所以價格也是首爾市最接地氣的傳統市場之一，筆者也曾好幾次在此拍攝「傳統市場 10,000 元的幸福」特輯呢！

當韓國的物價因通貨膨脹和匯率影響不斷上升的時候，在望遠市場依舊可以用超親民的價錢買到食物、土產和水果，真的好幸福！

望遠市場
망원시장

地址	首爾市麻浦區圃隱路 8 街 14（서울시 마포구 포은로 8 길 14）
營業時間	約 08:00~21:00（因店而異）
交通方式	地鐵 6 號線**望遠站** 2 號出口步行約 10 分鐘

各款新鮮海產，如住在附近的 Air bnb，這裏也是不錯的採購食材好地方。

市場的水果好便宜。

土產乾貨品質好，也比超市平三成，多買更可議價。

中秋前後都會有的松餅。

魚糕及飯卷是市場最常見小吃。

蒸泡菜餃子，外皮煙韌。

新鮮製造的傳統年糕。

除了 ₩ 500、₩ 1,000 即造甜甜圈及炸麵包、
多種口味炸雞塊、手工可樂餅、手工排骨肉
餅等等，也不可錯過市場內的麵食、雞湯
飯、傳統酒等，這都是望遠市場最地道的長
青餐點，當地人都是為了這些特地駕車而來。

近年不少美食小店都進駐望遠市場，加上價
格親民，又方便外帶到附近的望遠漢江公園
野餐，吸引不少年輕人前來光顧。

嘗在韓國 SNS 爆紅
的棉花糖雪糕，有各
種口味如巧克力、雲
呢拿、士多啤梨、芝
士蛋糕等。

漢江公園野餐。

漢江公園附近的便利店設有煮杯麵
機，非常方便。

店員會在你面前用暴龍噴槍
即席烤棉花糖雪糕。

望遠市場手打麵在市場內享負盛名，以手工做麵糰製作刀切麵、麵片湯等，另外手打炸醬麵也是招牌菜。一到夏天，就會有限定的豆汁冷麵，豆漿以黑豆製作，可說是只此一家！給大家一個小貼士，想一次過試勻兩種麵的話，可以點雙併（손수제비）啊！

按人頭每人一份餐點，價格在 ₩4,500~ ₩6,000 之間。

望遠市場
手打麵

망원시장손칼국수

地址	首爾市麻浦區望遠洞 414-26（서울시 마포구 망원동 414-26）
營業時間	10:00~20:30
交通方式	地鐵 6 號線**望遠站** 2 號出口步行約 10 分鐘

註：只收現金。

刀切麵。

廚房忙得不可開交。

夏日限定的黑豆汁冷麵，麵質彈牙，黑豆汁非常香濃，透心涼。

麵條即切即煮，非常新鮮。

炸醬麵。

慧星流通（혜성유통）是一家專賣國產肉雞、參雞、土鴨的批發零售店，賣場內設有食堂，供應精心熬煮的韓方雞湯。

店方所用的大米從扶餘直接空運過來，充滿健康感覺；雞湯不僅鮮美，還具滋補功效。真味雞骨湯只要 ₩6,000，特級（多雞肉）也只需要 ₩7,000，現在在湯飯動輒要 ₩9,000~₩10,000 起跳的時代，這個價錢真的只有在望遠市場才可以找到。

望遠市場
鮮味韓方雞湯

참맛달곰탕

地址	首爾市麻浦區望遠洞 411-31 （서울시 마포구 망원동 411-31）
營業時間	10:30~20:00
休息日	逢每月第一及第三個星期日
交通方式	地鐵 6 號線**望遠站** 2 號出口步行約 10 分鐘，近望遠市場 1 號門

雞味濃，雞肉嫩滑。

韓方雞湯，筆者當天帶朋友來吃早餐。

自家製醃菜。

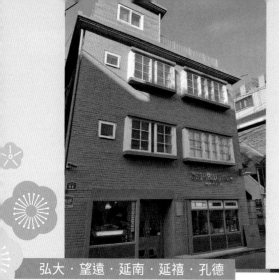

店主이철원認爲咖啡是食物，而製出美味食物先要有好的材料，所以他很重視咖啡豆的質素；高品質的咖啡豆帶有好的香氣，不僅有橙子、蘋果、士多啤梨、黑莓、青檸等水果的酸味，也有長長的餘韻。

店子位於望遠市場 1 號門附近，樓高 4 層，深藍色外觀很出眾。附近有不少小店和拍人生四格的自拍店。

Deep
Blue Lake
딥블루레이크 커피 & 로스터스

地址	首爾市麻浦區圍隱 6 街 11（서울시 마포구 포은로 6 길 11）
電話	11:00~18:00
交通方式	地鐵 6 號線望遠站 2 號出口步行約 10 分鐘，近望遠市場 1 號門

牆上有不少可愛的咖啡說明，看得出店主對咖啡的喜好。

建議可留意到訪當天的 Signature bean 是哪一款，試試平時少飲的一款可能會有驚喜。如對牛奶敏感可轉豆奶或杏奶。

店主正親自製作咖啡。

招牌檸檬小蛋糕,味道清新不油膩。

Deep Blue Lake 有自己的炒豆研究室,提供低咖啡因咖啡,並有出售咖啡豆。咖啡配上美味糕點便是最好的 Coffee cake pairing,筆者到訪當天就試了兩款甜點,除了招牌的檸檬小蛋糕,還有冬天限定的士多啤梨蛋糕。

冬天限定的士多啤梨蛋糕,水果香氣濃,甜味十足。

穿着整齊西裝的老紳士也來訪。

氣氛 Cozy 舒服。

弘大・望遠・延南・延禧・孔德

Roynet Hotel Mapo

Roynet Hotel Mapo 屬於日本酒店集團大和魯內的首家海外酒店，鄰近孔德站。筆者在幾年前去日本的九州和大阪都住過旗下酒店，當得知首爾設海外店即 Book 試試。

每房都有浴缸，空間比日本的更闊，而且 Check out 時間是 12:00，也設寄存行李服務。酒店大堂備有 WOW！PASS 機，換錢或給交通卡增值都很方便。

Roynet Hotel Mapo 位於孔德站和麻浦站之間，位置方便。

地址　首爾市麻浦區麻浦大路 67（서울시 마포구 마포대로 67）
網址　www.daiwaroynet.jp
交通方式　地鐵 5 或 6 號線、機場線或京義線至孔德站，或地鐵 5 號線至麻浦站步行 3 分鐘

3 樓是寬敞的 Lobby。

酒店大堂除了有細心的 Coffee and tea corner，還有浴鹽免費提供，不過目測不是常有。如果想浸浴，也可以到酒店附近的 Olive Young 買入浴 Bubble ball，都很方便。

二樓的餐廳提供韓式早餐定食，由 ₩ 15,000 起，不過筆者就愛在孔德附近找咖啡麵包屋。

免費提供的浴鹽，共四款。

貼心的免費自助咖啡機。

1 至 2 人房。

洗手間乾淨闊落。

Mapo GLAD Hotel

클래드 호텔

麻浦格萊德飯店隸屬南韓大林集團（Daelim Group）旗下的格萊德酒店集團（GLAD Hotels & Resorts），要大推的優點，就是酒店正位於孔德站 8 號或 9 號出口，真正無縫連接，下雨也不用怕。

因為就在機場線上方，所以回程前在這裏入住，就可以把握最後一秒 Shopping，再校準時間乘機鐵到機場，就不用擔心 Check out 後寄存行李問題，最適合 Shopping 一族或與父母同行者。

酒店走工業風設計，房間偏大，大堂有便利店和 WOW!Pass 機器，方便換錢和增值。

地址	首爾市麻浦區麻浦大路 92（서울시 마포구 마포대로 92）
網址	www.glad-hotels.com
交通方式	地鐵 5 或 6 號線、機場線或京義線孔德站 8 或 9 號出口

掛衣服及儲物位置闊落，打開行李箱整理　雙人房。
也很方便，也有大張書桌。

麻浦新羅舒泰酒店

신라스테이 마포

The Shilla 旗下的酒店品牌，屬四星級，全國共有 11 間分號，筆者住過不同地區的 Shilla Stay，大多保持一貫水準。

Shilla Stay 的浴室用品均採用 AVEDA 品牌，質素有保證，不過味道多為 Rosemary Mint，不喜歡薄荷的朋友就要自備了。酒店旁邊就是郵局，筆者曾帶朋友去寄明信片和戰利品回香港，很方便！

地址	首爾市麻浦區麻浦大路 83（서울시 마포구 마포대로 83）
網址	www.shillastay.com
交通方式	地鐵 5 或 6 號線、機場線或京義線孔德站 1 號出口步行 3 分鐘

1. 雙人房。入住時有 Welcome drink。
2. AVEDA 品牌洗髮及沐浴露。
3~4. 自助早餐質素不錯，可以一試。

Fritz Coffee Company 是韓國特色咖啡領域中最具影響力的品牌之一，自 2014 年成立以來，一直在**引領咖啡行業潮流。**

由許民秀（烘焙師）、金炳基（咖啡進口師）、金道賢（咖啡烘焙師）和朴根河（咖啡師冠軍）等咖啡名人組成製作團隊。他們會親自到世界各地進口優質咖啡，除了自用，也透過全國合作伙伴咖啡店及「Fritz 咖啡俱樂部」銷售咖啡豆。

弘大・望遠・延南・延禧・孔德

2022 年 RENOVATE

Fritz Coffee Company

프릳츠 커피 컴퍼니

地址	首爾市麻浦區桃花洞 179-9 號（서울시 마포구 도화동 179-9 번）
營業時間	平日 08:00~22:00、週末及公眾假期 10:00~22:00
交通方式	地鐵 5 或 6 號線、機場線或京義線孔德站 8 號口，或 5 號線麻浦站 3 號口步行 5 分鐘

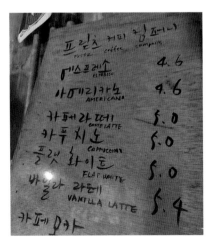

餐牌設計特別。

咖啡豆包裝上的小海豹是 Fritz 標誌。除了 3 隻招牌豆，也有每月 4 款 Single origin。招牌豆有 Everything Good（Costa Rica 30%、Guatemala 30%、India 20%、Ethiopia 20%）、Old Dog（India 40%、Costa Rica 35%、El Salvador 25%）及 Seoul Cinema（Costa Rica 60%、Ethiopia 40%）。

Single origin 的原豆。

早前從識飲識食的朋友中收到 Fritz cold brew 做禮物。

他們的麵包師團隊同樣認真，每款麵包都使用法國 AOP 和丹麥牛油、有機法國小麥粉和有機原料。入口處有麵包出爐時間表，從早上 8 點到中午新鮮推出。

筆者每一次跟朋友去都會點 2、3 款，有鹹有甜。

多款新鮮出爐麵包，賣相吸引。

平日的早上也是場面墟冚。

這一款蘋果批必試。

Fritz coffee 賣的不只是咖啡和麵包，還有跟不同品牌合作設計的產品，如 Cold brew、杯具、衣服飾物等。

海軍藍色是 Pomellow bean 的主調。

以 Fresh bean library 為宗旨，主打強酸味咖啡豆。單品咖啡有 8 種，按酸味分類；混合有 4 種，以特性分類。

貨架上有來自世界各地的咖啡豆，包括危地馬拉、哥斯達黎加、埃塞俄比亞和巴西，均以咖啡聞名。袋子上還貼有標籤，說明每種混合豆的味道。

如果你是咖啡新手也不用擔心，店內設圖表顯示所有咖啡豆代碼，每個代碼都有自己的品嚐調子，有花香、柑橘、蜂蜜、堅果，可以根據自己喜好混合咖啡，或許會得出有趣的味道。

Pomellow bean

포멜로빈

地址	首爾市麻浦區孔德洞 478（서울시 마포구 공덕동 478）
營業時間	11:00~21:00
休息日	星期一
交通方式	地鐵 5 或 6 號線、機場線或京義線孔德站 1 號出口步行 2 分鐘

筆者與朋友分別點了薩爾瓦多和埃塞俄比亞 G2 的手沖咖啡。

開放式 Bar 枱，可以觀賞製作咖啡的過程。

店內座位不算多。

來自危地馬拉的咖啡豆（₩ 11,000 / 200g）。

可以選購 House blend 的 Hand drip bag。

位於京義線林蔭路上的 **All day brunch** 寵物友善小店，製作和出餐都只靠兩位老闆。店內的咖啡選用 Fritz coffee bean 的 Old Dog 咖啡豆，Old Dog 由 India 40%、Costa Rica 35% 及 El Salvador 25% 組成，帶黑巧克力、黑糖和烤山核桃的香氣。

餐點方面，筆者與朋友點了 Mozza Pesto Chicken 和 Apple Arugula，前者烤得剛剛好，芝士軟綿綿；後者以芝士、蘋果和火腿配搭新鮮牛角包，味道清新。

Stay Well cafe

스테이웰카페

地址	首爾市麻浦區孔德洞 476（서울시 마포구 공덕동 476）
營業時間	平日 10:00~18:00、週末 09:00~18:00
休息日	星期二
交通方式	地鐵 5 或 6 號線、機場線或京義線**孔德站 1 號出口**步行 2 分鐘

Apple Arugula，用料足而且新鮮。

Mozza Pesto Chicken。

裝潢簡約，也有私隱度。

一直以來都是選用 Fritz coffee bean 咖啡豆。

1974 年開業的麻浦區元老級雪濃湯店，由 2020 年起**連續 4 年獲得米芝蓮首爾推介**。這裏的雪濃湯湯頭特別清爽、清澈，以香港人口味形容，是優質的清湯腩湯頭，湯內有牛骨和牛腩。另一個不能錯過的就是小葱辛奇、大白菜辛奇和白蘿蔔辛奇，韓國人就是為了這個美食組合，山長水遠也駕車到來。

地道食法是，當熱騰騰的牛腩雪濃湯上桌，加入素麵和葱，先喝第一口原湯，按需要加入鹽、胡椒、辣椒粉調味，再加入白飯，每一口都有飯、湯、辛奇和牛腩肉，鮮味衝擊着味蕾。

弘大・望遠・延南・延禧・孔德

麻浦牛腩
雪濃湯

마포양지설렁탕

地址	首爾市麻浦區桃花洞 181-39 號 （서울시 마포구 도화동 181-39 번）
營業時間	07:00~21:00
休息日	農曆新年及中秋各三天
交通方式	地鐵 5 或 6 號線、機場線或京義 線**孔德站** 9 號出口步行 2 分鐘

小葱辛奇、大白菜辛奇帶有蔬菜的甜。

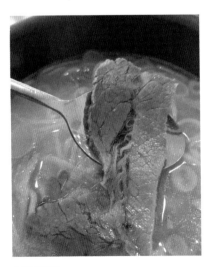

牛腩肉味濃。

白蘿蔔辛奇的酸甜辣度剛好。

同場加映：筆者孔德私藏清單

孔德一帶如鐘路區一樣辦公大廈林立，有不少美食店和老字號，所以識食之韓國人都會去孔德搵食！以下是筆者其他私藏商號名單。

釜山海鷗燒烤（부산갈매기）

1978 年開業的老字號，以橫隔膜肉和新鮮豬皮聞名，鍋邊烤蛋都是這店的招牌！這裏的豬皮充滿骨膠原，要知道韓妹其中一個美容秘密就是骨膠原呢！

地址	首爾市麻浦區桃花洞 194-18（서울시 마포구 도화동 194-18）
交通方式	地鐵 5 或 6 號線、機場線或京義線孔德站 9 號出口步行 2 分鐘

長壽海鷗燒烤 本店（장수갈매기 본점）

갈매기是豬的橫隔膜肉，韓國人俗稱為「海鷗肉」，當地人尤其是大叔輩一定認識這店。每日限量供應橫隔膜肉，售完即止，另外五花腩也不錯。

地址	首爾市麻浦區桃花洞 182-11（서울시 마포구 도화동 182-11）
交通方式	地鐵 5 或 6 號線、機場線或京義線孔德站 9 號出口步行 2 分鐘

孔德市場（공덕시장）

孔德市場是以美食巷弄爲特色的傳統老市場之一，當中以豬腳一條街和煎餅一條街最有人氣。

麻浦青鶴洞煎餅（마포 청학동 부침개）

擁有幾十年歷史的煎餅老字號，每天都有許多韓國人和外國遊客慕名而來。各式各樣的韓式煎餅令人花多眼亂，只要挑選想

吃的炸雜錦和煎餅後放在籃子裏交給店員，阿珠媽會幫你加熱後再送到餐廳，可在店內享用。

地址	首爾市麻浦區萬里峙路 23（서울시 마포구 만리재로 23）
交通方式	地鐵 5 或 6 號線、機場線或京義線孔德站 5 號出口，往前走大約 200 米

五香豬腳（오향족발）

這條街有 5 間豬腳店，其中一間最多人外購的就是오향족발了！這店的豬腳肥美厚實、肉質柔軟，而且充滿膠質。如果 2 至 3 人同行，點一個五香豬腳（小份），老闆會送你雜錦血腸和血腸湯呢！

地址	首爾市麻浦區萬里峙路 19（서울시 마포구 만리재로 19）
交通方式	地鐵 5 或 6 號線、機場線或京義線孔德站 5 號出口，往前走大約 200 米

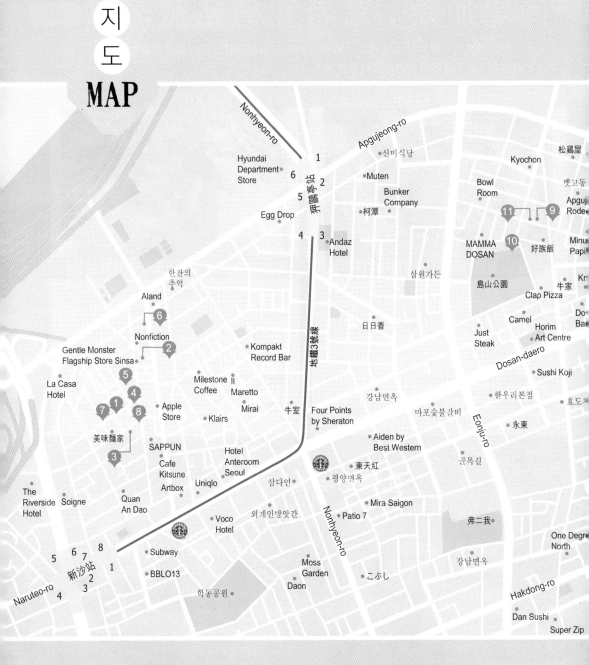

지 도
MAP

Nonhyeon-ro

Apgujeong-ro

Hyundai Department Store

Egg Drop

신미식당

Muten

Bunker Company

柯潭

松鷄屋

Kyochon

Bowl Room

뱃고동

Apguj Rode

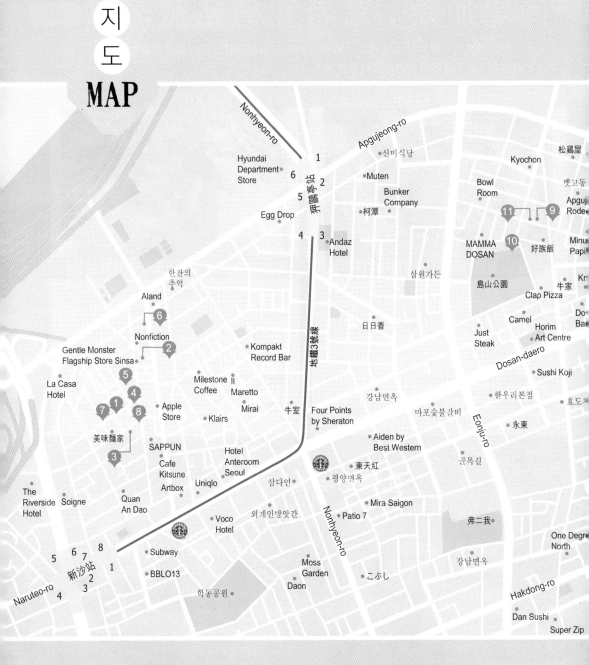

Andaz Hotel

삼원가든

MAMMA DOSAN

好族飯

Minu Papi

한잔의 추억

島山公園

Kr

Aland

Nonfiction

Kompakt Record Bar

日日香

牛家

Clap Pizza

Camel

Horim Art Centre

Do Ba

Gentle Monster Flagship Store Sinsa

Milestone Coffee

Maretto

Just Steak

Dosan-daero

Sushi Koji

La Casa Hotel

Mirai

Klairs

牛室

Four Points by Sheraton

강남면옥

한우리본점

永東

효도처

美味麵家

SAPPUN

Cafe Kitsune

Artbox

Apple Store

Hotel Anteroom Seoul

Uniqlo

삼다연

Aiden by Best Western

東天紅

평양면옥

마포숯불갈비

골목길

Eonju-ro

弗二我

The Riverside Hotel

Soigne

Quan An Dao

Voco Hotel

외계인방앗간

Nonhyeon-ro

Patio 7

Mira Saigon

강남면옥

Hakdong-ro

Subway

新沙站

BBLO13

학동공원

Moss Garden

Daon

こぶし

One Degre North

Dan Sushi

Super Zip

Naruteo-ro

❶ wheat & meat ❷ 3CE Cinema ❸ LINE FRIENDS SQUARE ❹ Nudake
❺ Yellow Basket 文化複合空間 ❻ BAMVOO Bakery & Brewing
❼ NICE WEATHER MARKET ❽ Tamburins ❾ 島山 London Bagel Museum
❿ Haus dosan ⓫ 島山 Wiggle Wiggle.zip

狎鷗亭·新沙洞

압구정 · 신사동

新沙洞是首爾流行指標，有最新最流行品牌、新進駐的快閃店或旗艦店，街上盡是如模特兒般行走的韓男韓女。現在要逛新沙洞不要只逛林蔭道，別錯過後一條街的狎鷗亭路 10 街（與林蔭道平行的後街），近兩年大熱品牌旗艦店和快閃品牌店都在這一帶開幕。

第二個必逛的地方就是地鐵 3 號線狎鷗亭站及盆唐線狎鷗亭羅德奧站都可達的島山公園至狎鷗亭羅德奧一帶，最新最熱的時尚品牌、咖啡廳、餐廳都集中於此。潮逛新沙洞、島山大路至狎鷗亭一帶，每次都會有不同的驚喜！

交 通 方 式

明洞站	東大門歷史文化公園站
↓ 地鐵 4 號線	↓ 地鐵 5 號線
忠武路站	往十里站
↓ 地鐵 3 號線	↓ 盆唐線
新沙站	**狎鷗亭羅德奧站**

新沙洞林蔭道
신사동가로수길

新沙洞林蔭道是指首爾地鐵 3 號線新沙站通往狎鷗亭現代高中的銀杏樹街道，這裏又被稱為「藝術家之街」，周邊有很多精緻的咖啡店及餐廳，世界知名設計師品牌服飾店林立，增添異國風情。每到秋季，銀杏葉鋪滿整條街道，吸引不少遊客慕名前來欣賞。現在就先帶大家來個 Snap trip。

2023 年，Diptyque 在韓國開設首家旗艦店，也是全球最大旗艦店，三層樓的建築座落於新沙洞林蔭大道。

韓國星級化妝師 Jung Saem Mool 鄭瑄茉個人品牌店。

H&M 旗下北歐風生活品牌 Arket，從簡約服飾到日常用品均備，具實用性。

2023 年 6 月新裝修的 Gentle Monster Sinsa Flagstore（젠틀몬스터 신사）。

地址　　　首爾市江南區新沙洞 533-6（서울시 강남구 신사동 533-6）

韓妹最愛的香薰品牌 Nonfiction，產品包括香水、香水潤手霜、身體沐浴系列、香薰蠟燭等。

地址　　　首爾市江南區新沙洞 532-4（서울시 강남구 신사동 532-4）

Indi Brand 新沙店樓高兩層，款式簡約及端莊均備。

韓國人氣女鞋品牌 SAPPUN（사뿐）的實體店。

地址　　　首爾市江南區新沙洞 535-2（서울시 강남구 신사동 535-2）

近日在新沙**大熱的傳統美國手工三文治店**，每天早上以新鮮麵包和各種配料，製作多款三文治，也供應熱湯和芝士粗薯條。

wheat & meat
위트앤미트

地址	首爾市江南區新沙洞 523-10（서울시 강남구 신사동 523-10）
營業時間	11:00~15:00、17:00~21:00
休息	星期一
網址	www.instagram.com/wheat.n.meat
交通方式	地鐵 3 號線新沙站 8 號出口步行 10 分鐘

Pastrami Queens（파스트라미 퀸즈 ₩ 14,800）

可以用 KIOSK 機自助下單。

Chipotle Fries（치폴레 프라이즈₩ 6,500）

其中的 Pastrami Queens，用了酸麵糰製作的麵包，再加入雙倍分量的燻牛肉、洋葱醬、羅勒捲心菜辛奇、WNM醬、美國奶酪、熟芥末醬等，層次和味道都豐富，難怪是招牌三文治之一！

招牌美式
Cookie

Banana Pudding
（₩ 5,800 / ₩ 7,800）

HOMEMADE
Cookies from $2
BUTTER & CHOCOLATE

Banana
PUDDING
Name 바나나 푸딩
Price Regular 5.8
       Large   7.8

Classic
DELI Sandwich DELI
EAT IN
TAKE AWAY

店方貼心地提供即棄手套。

也設有戶外座位區。

STYLE NANDA 旗下的知名彩妝品牌 3CE，在新沙洞林蔭道開設了品牌旗艦店 3CE Cinema，以戲院為概念。店內設有化妝區，**可以試用各式各樣新品**；二樓是 STYLE NANDA 旗下的衣飾品牌。

狎鷗亭 · 新沙洞

3CE Cinema

3CE 시네마

地址	首爾市江南區新沙洞 533-2（서울시 강남구 신사동 533-2）
營業時間	11:00~22:00
網址	www.instagram.com/3ce_official/
交通方式	地鐵 3 號線新沙站 8 號出口步行 12 分鐘

碎粉是筆者最愛的產品，超好用。

部分新品及期間限定品會有折扣。

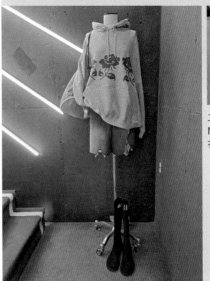

二樓是 STYLE NANDA 旗下的衣飾品牌。

LINE Friends 於 2023 年 11 月在新沙洞開設旗艦店（聖水店也在 2023 年 12 月重新登場）！近年 LINE Friends 與韓星 BTS、NEWJEANS 等有很多 Crossover project，包括 bunini、minini、BT21、TRUZ 等，產品深受一眾粉絲喜愛。

2023 年 11 月 OPEN

LINE FRIENDS SQUARE

라인프렌즈 스퀘어

地址	首爾市江南區新沙洞 519-13（서울시 강남구 신사동 519-13）
營業時間	12:00~21:00
網址	brand.naver.com/linefriends
交通方式	地鐵 3 號線新沙站 8 號出口步行 8 分鐘

熊大的 Hug Brown 系列。

可愛的 Lenini 公仔。

Have a Cute Day

Airpod case（₩ 20,000）

NUDAKE

2023 年 9 月
OPEN

狎鷗亭・新沙洞

由時尚眼鏡店 Gentle Monster 打造的甜品品牌 Nudake 第三家旗艦店 "The Croissant" 新沙店**推出多款與牛角包有關的新菜單**，鹹甜各半，口味豐富多彩，難怪已開業一段時間人潮也沒有減退。

Nudake
누데이크

地址	首爾市江南區新沙洞 524-12（서울시 강남구 신사동 524-12）
營業時間	11:00~21:00
網址	www.instagram.com/nu_dake
交通方式	地鐵 3 號線新沙站 8 號出口步行 10 分鐘

朱古力牛角。

除了有多款造型及口味的牛角包，還有 Nudake 最具人氣的岩漿抹茶牛角包 Peak。

樓高兩層，空間以 "Original Pleasure" 爲主題，到處有大牛角包裝飾，不少人喜愛順道打卡。

Nudake 有多種新奇但出奇地配合的口味，包括用辣味的辛奇加上鹹鹹的煙肉製成的三角牛角包，還有必試被 Nudake Crew 投票選出最佳口味的明太魚子三角牛角包，明太魚子的鹹配搭蛋黃醬糖漿的甜，取得完美平衡。

牛角包造型獨特，賣相精緻。

明太魚子三角牛角包。

以牛角包做餅底的意式 Pizza。

在店內吃完再多買兩款口味回家做茶點。

Yellow Basket 是品牌和消費者可以自由交流的體驗型平台，定期會有不同韓國線上品牌和藝術家共同參展，為消費者提供體驗多種品牌產品的機會。

韓國護膚品牌 ongredients，採用純素和有機成分配製。

Yellow Basket
文化複合空間
엘로우바스켓

地址	首爾市江南區狎鷗亭路 10 街 30-1（서울시 강남구 압구정로 10 길 30-1）
營業時間	11:30~19:30
休息	每月第二個星期一
網址	www.yellowbasket.co.kr 或 www.instagram.com/yellowbasket.store
交通方式	地鐵 3 號線新沙站 8 號出口步行 8 分鐘

Yellow Market 常設有不同主題展覽。

Be my Pet pop up shop。

韓國插畫家的作品。

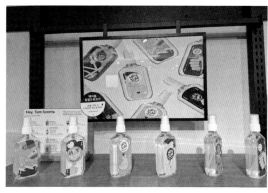

HEY TOM 身體香薰噴霧。

BLACK ROUGE 韓國純素美妝品牌。

韓國蠟燭香精 Myrrh。

efilow 是韓國天然純素護膚品牌，主打魚腥草精華產品。

每個品牌都有一定的展示空間。

Bitter better 紅蔘。

狎鷗亭・新沙洞

成立於 2012 年的 Coffee D&A Factory 是**專業咖啡烘焙公司**，以烘焙後 7 天內的新鮮咖啡豆，提取成濃縮咖啡和冷萃咖啡原液，製作多款咖啡飲料。品牌有以直營店形式運營的咖啡專賣店 COFFEE DNA、Bakery cafe in BAMVOO 及高級冷萃咖啡品牌 PARACHUTE。

BAMVOO
Bakery & Brewing

밤부 베이커리 & 브루잉

地址	首爾市江南區新沙洞 532-11（서울시 강남구 신사동 532-11）
營業時間	10:00~22:00
網址	www.instagram.com/bam_voo
交通方式	地鐵 3 號線新沙站 8 號出口步行 10 分鐘

高級冷萃咖啡品牌 PARACHUTE，包裝也走高檔路線。

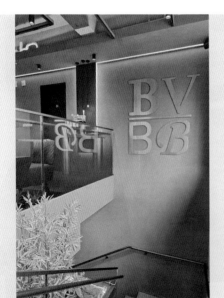

德式麵包夾着鮮油和紅豆蓉，非常邪惡。

BAMVOO Bakery & Brewing 新沙店樓高兩層，咖啡和麵包都帶給人驚喜，尤其是那個比一般 Size 大的牛角三文治，和髒髒朱古力牛角，配以 BVBB 的咖啡，是完美的配搭。除此以外，這裏也是唯一可以享受葡萄酒的獨特空間。

牛角三文治分量不少。

每款麵包的賣相都非常誘人。

窗外的景觀很不錯。

髒髒朱古力牛角。

NICE WEATHER MARKET 為了鼓勵民眾增加文化性消費，遂透過「便利商店」方式打造新概念百貨公司，並提供環保產品、素食相關產品等。這裏聚集了當今最潮的東西，就連場內播放的音樂也非常有 Sense 呢！NICE WEATHER MARKET 除了衣服和雜貨，還販賣宋旻浩曾購買的栗子果醬等食材、自然葡萄酒（Natural wine）、小物、餐盤、露營用品等。

韓團 WINNER 成員兼畫家宋旻浩，跟網路漫畫作家 Kian 84 在綜藝節目《我獨自生活》中到這裏購物，同時也是宋旻浩常探店之一。

狎鷗亭·新沙洞

NICE WEATHER MARKET

나이스웨더마켓

地址	首爾市江南區江南大路 162 街 35（서울시 강남구 강남대로 162 길 35）
營業時間	11:00~21:00
網址	www.instagram.com/niceweather.seoul
交通方式	地鐵 3 號線新沙站 8 號出口步行 6 分鐘

店內設多個韓國街頭品牌，包括 Discus、FAD、JoeGosh。

不同環保護膚品牌。

這裏兼售書籍、酒精及零食。

Tamburins 是成立於 2017 年的韓國人氣品牌 Gentle Monster 旗下子公司 IICOMBINED2 所創立的美妝品牌，**主打香薰及個人護理產品**。Tamburins 是追求感性藝術和美麗的品牌，不僅是產品本身，就連包裝設計、空間，都蘊含着品牌所追求的美感價值。

Blackpink 的 Jennie 是品牌代言人。

Tamburins
탬버린즈

地址	首爾市江南區狎鷗亭路 10 街 44（서울시 강남구 압구정로 10 길 44）
營業時間	11:00~21:00
網址	www.tamburins.com 或 www.instagram.com/tamburinsofficial/
交通方式	地鐵 3 號新沙站 8 號出口步行 6 分鐘

BIGALICO 身體護理系列，Jennie 也使用。

Tamburins 人氣香水之一 THAW SUNSET，帶有甜橙皮和麝香香氣。

另一款熱賣香水 FRENCH NEEDLE，是雨後森林的味道。

品牌的沐浴乳及潤膚乳系列，旁邊設洗手台，試用後可清洗。

London Bagel Museum 自 2021 年 9 月安國店開幕到現在，至 2024 年 2 月為止，分店已開到島山、蠶室、濟州島，熱度依然不減。從 8 點開始現場就出現排隊人潮，也有不少韓國偶像和演員都來過用餐打卡。

如有 Catch table 就可以透過 App 排隊，或者直接到門口拿號碼登記。Bagel 每天售完即止，所以不要太晚到啊！

狎鷗亭・新沙洞

島山
London Bagel
Museum

런던 베이글 뮤지엄

地址	首爾市江南區新沙洞 642-25（서울시 강남구 신사동 642-25）
營業時間	08:00~18:00
網址	www.instagram.com/london.bagel.museum/
交通方式	盆唐線狎鷗亭羅德奧站 5 號出口步行 10 分鐘

2 樓雅座。

招牌 Bacon potato sandwiches。

藍莓 Bagel。

多款忌廉芝士，有鹹有甜。

Bagel 選擇甚多，有鹹有甜，筆者最愛是 Bacon Potato sandwiches，是 LBM 的 Best Seller 之一。想吃簡單一點的，推介大葱 Bagel 和藍莓 Bagel。此店另一個特色就是有多款忌廉芝士搭配 Bagel 同吃，愛芝士的你不可錯過，包括我最愛的楓糖長山核桃忌廉芝士、葱蒜忌廉芝士、伯爵奶醬忌廉芝士，風味特別！

多款 Bagel ₩ 4,700 起。

楓糖長山核桃忌廉芝士。

品牌周邊產品。

Bagel 不斷新鮮出爐，由早上 8 時起賣完即止。

狎鷗亭・新沙洞

HAUS 0 10 10 10 1 中的 "HAUS" 是指多個品牌聚集在一起打造的未來零售空間，"01" 是指以量子力學概念走向未來的方向。HAUS DOSAN 集合了眼鏡店 Gentle monster、美妝香水品牌 Tamburins 和通過甜點實現新幻想的 Nudake，是不少韓星的愛店。

Haus dosan

하우스 도산

地址	首爾市江南區新沙洞 649-8（서울시 강남구 신사동 649-8)
營業時間	11:00~21:00
網址	www.gentlemonster.com/kr/stories/haus-dosan
交通方式	盆唐線狎鷗亭羅德奧站 5 號出口步行 10 分鐘

Gentle Monster 眼鏡的風格大膽創新。

Gentle Monster

位於 2 樓的 Gentle Monster 是時尚眼鏡名店，產品以「極簡」和「節制」為基礎設計。3 樓是太陽眼鏡專賣空間，而 Gentle Monster 機器人實驗室通過 1 年多的研究製造出來的肉足步行機器人 The Probe 也位於此，其巨大的身體和細緻的外殼正是 HAUS DOSAN 想傳達巨大主題的象徵。

Nudake

Nudake 的韓國首家旗艦店位於島山地下 1 樓，整體上低調的氛圍和部分空白的平衡感呼應 "Taste of meditation" 的設計主題，讓顧客能更集中於味覺感受，同時欣賞不一樣的視覺藝術。

Nudake Signature。

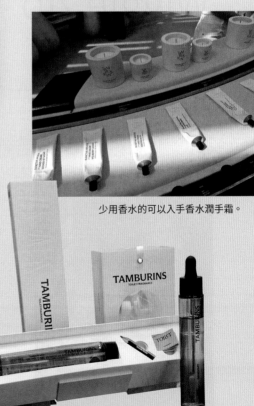

少用香水的可以入手香水潤手霜。

Tamburins

Tamburins 第二家旗艦店於 HAUS DOSAN 4 樓。玻璃屋設計將整體氛圍定為黑色、白色和陽光，以最大限度展現均衡的空白之美，也代表着從自然中獲取靈感。大 LED 顯示屏不時播放代言人 Jennie 的品牌創意廣告。

Berga Sandal 潤手霜含有地中海佛手柑、小荳蔻及檀香成分，有酸甜香味之餘亦帶清新氣息，是熱賣產品。

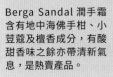

禮盒包裝精美。

近年韓國年輕人喜歡用色大膽又能展示強烈個人風格的品牌，韓國生活雜貨品牌 Wiggle Wiggle 就是其中一個成功例子，白色小雛菊哈哈笑是 Wiggle Wiggle 的標誌。日常用品、文具、生活雜貨、睡衣、公仔、貼紙、手機殼等等小物一應俱全，他們也**不時跟韓國偶像團體合作推出聯名產品**，玩味十足，追星族可以多多留意！

Wiggle Wiggle 島山旗艦店就在 London Bagel Museum 旁，共有 4 層，色彩繽紛就像遊樂園一樣。

島山
Wiggle Wiggle.zip
위글위글집 도산

地址 首爾市江南區彥州路 168 街 31
（서울시 강남구 언주로 168 길 31）
營業時間 11:00~20:00
網址 https://wiggle-wiggle.com/
交通方式 盆唐線狎鷗亭羅德奧站 5 號出口 步行 8 分鐘

3 樓售賣多款生活用品，也有很多打卡位。

到訪當天有小活動，獲贈一盒 Wiggle Wiggle 的指甲貼。

招牌白色花花產品。

七彩繽紛又舒適的家居服。

1、2樓是大堂及攝影展台,3樓是衣帽間,4樓有浴室、廚房、書桌、客廳、睡房等不同生活空間展示。

很多都是韓星們喜歡用的生活用品,不妨入手與明星同款的小物,送禮自用皆宜。

지도

MAP

彦州中學

奉恩寺

봉산집

Matt Cafe

三成中央站

1 2 3 4

7 6 5

Inter Continenta Hotel

金龍

Bongeunsa-ro

혹돈가

이도곰탕

Saluzzo

봉산집

添好運

roly poly

宣靖陵站

Villa Guerrero

Hotel Crescendo

Perigee

외고집설렁탕

프로 간장게장

2

1

Akara

3

수담한정식

Trattoria Moro

大道

4

四川

4

보름쇠

The Hy

すしき

Seolleung Royal Tomb

깐부치킨

Hotel Peyto

조개사냥

일등추어탕

Seolleung-ro

天天甜

光壽司

0番地

잇쇼우

Black Lab

平家屋

해장국

敬天愛人2237

Bono Bono

통영집

Teheran-ro

문어랑

연타반

Shilla Stay

Ace Crab

7

8 9 10

Sushi Sora

Ibis Styles Hotel

오성식당

5

6

宣陵站

1

Daiso

반룡산

소호정

이도곰탕

しょうき

Sangrok Art Hall

2

地鐵2號線

4 3

Aloy Thai

모찌방

Pizza Avol

1

Unsun Palace

Eonju-ro

Lotteria

Burger King

미네스시

창고43

Meat & Bun Burger Shop

Sweet Cat

Argo Tea

Quiznos

Baguette K.

Baskin Robbins

Firebell

---

❶ Café Mamas ❷ Katsu8 ❸ Starfield COEX Mall
❹ 徐栢子醬油蟹

奉恩寺站

Mad
or Garlic

Shilla
Stay

ational
s

6   7   8
5
三成站
4   3   2   1

Art
eum

연화산

방참지

eoksam-ro

江南區的三成洞是江南經濟中心區域之一，遊客最熟悉的有 Starfield COEX MALL 的星空圖書館、現代百貨、COEX 會議展覽中心、奉恩寺、江南區廳等，再往東就是蠶室。每年 COEX 會議展覽中心設有不同展覽，喜歡深入了解韓國文化的朋友可以多留意展覽訊息。

三成洞

삼성동

交 通 方 式

東大門歷史文化公園站	汝矣島站
↓ 地鐵 2 號線	↓ 地鐵 9 號線
三成站	奉恩寺站

Café Mamas 是**韓國著名健康餐廳品牌，主打如媽媽親手造的健康飲食**，例如酸種麵包、自家製 Ricotta cheese、西湯、沙律等。Café Mamas 的出品眾多，在韓國生活用品網站 Kurly 有很多熱賣菜式，也常在各大百貨公司設快閃 Pop up store。

在韓國想吃到豐富的 Brunch，筆者其中一個推介就是 Café Mamas，單在江南區就有五家店，而於 2023 年 5 月，在驛三 Centerfield 開設了 European Style Brunch Café，Brunch 包括招牌作 Ricotta cheese 沙律、三文治、帕尼尼、西湯、果汁等，滿有家庭風味。

三成洞

2023 年 5 月
OPEN

Café Mamas

카페마마스

地址	首爾市江南區德黑蘭路 231（서울시 강남구 테헤란로 231）
營業時間	08:00~21:30
網址	www.instagram.com/cafemamas.kr/
交通方式	地鐵 2 號線驛三站 8 號出口步行 5 分鐘

註：新沙、COEX、江南站均有分店

豐富的 Brunch。

薯仔湯（₩ 9,500）是招牌菜之一。

咖喱雞扒沙律（₩ 14,800）

Club Sandwich（₩ 14,800）

"Katsu8" 韓文全寫為「카츠가 가장 맛있는 시간 8 분」，是指享用吉列豬扒最美味時間的哲學。Katsu8 以獨有的食材和醬料，製作出令食客驚嘆的菜式。主要以吉列為主，包括吉列豬扒、吉列厚芝士豬扒等，也有吉列魚扒及當季的吉列蠔等。每一份定食分量十足，而且都配有兩件太卷。

Katsu8 是 Parnas Mall 內的熱門排隊店之一。

Katsu8
카츠 8 파르나스몰점

地址	首爾市江南區三成洞 159-8 Parnas Mall B1/F（서울시 강남구 삼성동 159-8 Parnas Mall B1/F）
營業時間	10:30~22:00
網址	www.instagram.com/_katsu8/
交通方式	地鐵 2 號線三成站 5 號出口直達

冬天限定的砂鍋烏冬定食。

隨餐附送的太卷餡料甚多，分量十足。

吉列厚芝士豬扒，芝士非常澎湃。

配有兩件厚切吉列豬扒，肉質軟嫩，肉汁豐盈。

Starfield COEX Mall 是首爾的超大型綜合購物商場，結合江南區綜合貿易中心 COEX convention center、K-POP 綜合設施 COEX Ktown4U、Parnas Mall、COEX 水族館、Megabox 電影中心及 300 間以上商店及餐廳。特別一提是韓國都心空港站就在 COEX Mall 旁的韓國世界貿易中心園區內，為旅客提供前往仁川國際機場前的行李托運辦理、登機報到辦理服務（指定航空公司），網址：www.calt.co.kr。

Starfield COEX Mall

스타필드 코엑스몰

地址	首爾市江南區永東大路 513（서울시 강남구 영동대로 513）
營業時間	10:00~22:00
交通方式	地鐵 2 號線三成站 6 號出口直達

星光庭院圖書館就在 Coex Mall 的中庭位置，三座高 13 米的大書櫃是遊人打卡必到的地方。

星光庭院圖書館（Starfield Library）

星光庭院圖書館總面積達 2,800 平方米，藏有超過 50,000 本書籍和雜誌，大部分以韓文為主，可供免費借閱，也可以購買。2023 年年尾晚上曾舉辦特備 Digital Art Music show，吸引很多年輕人到場觀看。

2023 年極具人氣的手打抹茶店 Super Macha。

商場設有多個韓國人氣品牌，包括 NAMUGRIM、SAPPUN、SEPHORA 等。

2 樓 Ktown4U 專賣店。

COEX Ktown4U（2~4/F）

前身是 SM Town，現在是韓國最大的 K-POP 綜合設施，包括 K-POP 學院、咖啡廳和各種快閃 Pop up store。常設店可買到單曲專輯、網上商品、相冊、新專輯預購等，並不時會預告簽名會。

K-POP 學院會不定期舉辦各大經理人公司選秀，就在 2023 年 10 月至 11 月，JYP 和 YG 就在這裏舉辦了幾場選秀，而且不限國籍！多留意官方 IG 就會更快知道選秀資訊。

營業時間	2 樓 10:00~20:00、3 樓 12:00~22:00、4 樓 11:00~20:00
網址	https://kr.ktown4u.com/

相冊、新舊專輯、應援手燈一應俱全。

3 樓 K-POP 學院，舞蹈室和聲樂室可讓全球粉絲參與體驗和拍攝，IG：ktown4u_coex_academy。

4 樓的多用途活動場地。

徐栢子醬油蟹

세백자 간장게장

在日本非常有名的韓國傳統醬油蟹專門店。

地址	首爾市江南區三成洞 151-4（서울시 강남구 삼성동 151-4）
營業時間	10:30~21:30
網址	http://sbjgejang.com/
交通方式	地鐵 9 號線三成中央站 5 號出口步行 5 分鐘

徐栢子醬油蟹由 1981 年開業至今，遠至日本也設有 5 家海外分店。店家堅持只用韓國花蟹，春天和秋天的蟹是滿滿的膏，非常飽滿，醃漬熟成後，醬油香和像在嘴裏融化的蟹膏配合得天衣無縫，不鹹但帶甘香，40 年來味道始終如一。

醬油蟹（간장게장小 ₩ 38,000/ 隻、大 ₩ 46,000/ 隻），附 8 碟小菜、海帶湯及白飯。

蟹膏甘香得齒頰留香，令人回味無窮。

五味子茶酸酸甜甜，有助解膩。

各款開胃小菜。

徐社長每天親自醃螃蟹，由凌晨便將煮好的肉湯跟大葱、大蒜、洋葱等調料混合後重新煮沸，再倒入花蟹中，步驟重覆三次，然後在攝氏0至4度冰箱裏發酵4至5天。

這裏的醬油蟹屬中等價格，包含一隻醬油蟹、8種伴菜和白飯，飯後的五味子茶可以解膩。而最令筆者欣賞的是**可以點一人分量**，獨遊也可品嚐醬油蟹美味。

飯前的南瓜粥。

蟹膏、白飯、紫菜是絕配。

Yeouiseo-ro

③

The
National
Assembly

National
Assembly
Library

地鐵9號線

Gukhoe-daero

Yido Mansion

Yoido Full
Gospel Church

The Coffee
Bean & Tea Leaf

Little
Mermaid
Statue

麻浦大橋

Hotel
Kobos

Bas
Burger

1

2

6

5

國會議事堂站

3

Eunhaeng-ro

타마

Glad
Hotel

4

Yeouigongwon-ro

Yeoui-daero

LG
Twin
Towers

2

1

汝矣渡口站

4

汝矣島
漢江公園

KBS
Hall

Yeouido Park

IFC
Mall

Conrad
Seoul

Fairmont
Ambassador
Seoul

④

汝矣
中學

KBS
On

日日香

Taco
Bell

名家

수정

마포만두

地鐵5號線

KRX

BROT
ART

Olympic daero

2

汝布置站

4

5

東京食堂

Marriot

汝矣渡口站

Outback

피양옥

1

6

ある日

여의도
백화점

Yeouinaru-ro

꽃원

盤浦大橋

盤浦大橋月光
彩虹噴泉

②

Hanshin
Medipia

地鐵3號線

광원장육식당

Kim's Club

중국성

Newcore Outlet

高速巴士地下街

1

Daiso

8

地鐵9號線

Shinsegae
Department
Store

新鷺浦站

1

2

Central City

2

7

高速巴士客運站

JW Marriott

3

① 花海堂 ② 汝矣島漢江月光夜市
③ 汝矣島漢江公園冬日雪橇場
④ The Hyundai Seoul

汝矣島

여의도

汝矣島是位於韓國漢江上的一個小島，隸屬首爾市永登浦區，是首爾的金融及投資中心。63 大廈和 The Hyundai Seoul 為汝矣島的地標。

汝矣島也是韓國著名的櫻花觀賞地，由輪中路經國會議事堂至韓國放送公社前的大道兩旁種滿了櫻花，被稱為「櫻花道」，長達 10 公里。夏天是韓國人最愛的野餐聚會熱點；秋天可以賞楓，也會舉辦漢江月光夜市；到了冬天，漢江公園則會成為期間限定的戶外雪橇場。

漢江遊覽船
乘船碼頭

月光夜市
（詳見下圖）

63 Building

| 交 | 通 | 方 | 式 |

弘益大學站

⋮ 地鐵 2 號線

| 東大門歷史文化公園站 | 堂山站 |

⋮ 地鐵 5 號線　⋮ 地鐵 9 號線

| **汝矣渡口站** | **汝矣島站 / 國會議事堂站** |

忠清南道泰安有名的醬油蟹店於首爾的第一家分店。採用每兩天從泰安供應一次的肥美花蟹，加入以蔬菜湯和釀造醬油混合而成的特製醬汁，沒有添加人工調味料，味道濃郁，蟹肉帶甜，口感緊緻，堪稱一絕。

汝矣島

花海堂

화해당

地址	首爾市永登浦區汝矣島洞 17-6（서울시 영등포구 여의도동 17-6）
營業時間	11:00~15:00、17:00~21:00
休息	星期日及一
交通方式	地鐵 9 號線國會議事堂站 4 或 5 號出口步行 2 分鐘

醬蟹和石鍋飯（간장게장과 돌솥밥 ₩ 47,000/1 隻，圖為 2 隻）

該店獲得 5 年米芝蓮推介，且是首爾美食評論網 The Table 推介的醬油蟹店。

蟹肉帶甜，口感緊緻。

蟹膏滿溢甘香。

可跟石鍋飯配無鹽紫菜。

醬油蟹必配石鍋飯，還有石鍋蒸蛋，都會隨餐附送。在鍋飯上放上蟹膏，用香噴噴的甘苔包着吃的話，不知不覺一碗飯就沒了。

或者用甘苔包着蟹膏同吃。

吃完蟹可以到便利店買杯雙和茶或薑茶驅寒。

冷知識　韓國甘苔是甚麼？

甘苔是海藻海帶的一種，主要分佈於濟州島的南海和日本附近的深海裏，是一種天然健康的食材，對骨骼和皮膚的健康很有幫助。通常去比較高檔的醬油蟹專門店都會提供無鹽紫菜和甘苔，用甘苔包着蟹膏吃，口中會感到海水味的爆發，特別香！

漢江月光夜市每年不定期在汝矣島漢江公園舉行。有超過 60 個小檔，包括多個 Food truck 及手工藝小檔，售賣各式別具個性的工藝品、個人設計小物，就連占卜塔羅也有。不妨在 Food truck 買些小吃，邊吃邊欣賞漢江的美麗夜景，吹着清涼的江風，陶醉在首爾的濃濃情趣中。

很多 Food truck 都是排隊人氣店。

汝矣島

汝矣島漢江月光夜市

한강 달빛 야시장

地址	汝矣島漢江公園水光廣場
舉辦時間	指定日子的星期五及六黃昏至晚上
網址	https://hangangmoonlightmarket.org/（查閱確實日子及時間）
交通方式	地鐵 3、7 或 9 號線高速巴士客運站 1 或 8 號出口步行 10 分鐘

餐飲專區，可以品嚐到豐富多彩的各國美食。

江邊設有多張豆袋梳化，可舒適地享受日落時光。

鐵板炒大腸。

在市區都可以體驗滑雪橇和玩雪的樂趣，感受冬日氣氛！2023 年起纛島、蠶院及汝矣島一帶的漢江公園均設戶外雪橇場，場地分為 6 歲或以下小童使用的小童滑道及一般滑道，設有護欄和防撞護墊，確保安全。場內亦提供兩種大小的橡皮圈，適用成人或小童使用，還有其他兒童體驗活動，無論是二人約會或親子同樂都適合。

汝矣島漢江公園
冬日雪橇場

地址	首爾市永登浦區汝矣島洞 82-3 (서울시 영등포구 여의도동 82-3)
開放日期	每年約 12 月 22 日開放，為期約兩個月
開放時間	09:00~17:00，12:00~13:00 為整理雪地時段，暫停開放。若天氣不佳或調整開放時間
費用	大小同價，每人 ₩6,000，可使用雪橇場、雪樂園及休息設施。現場另設其他遊樂設施及體驗活動，費用 ₩4,000 至 ₩6,000。
網址	https://hangang.seoul.go.kr/www/contents/757.do?mid=506
交通方式	地鐵 9 號線國會議事堂站 1 號出口步行 10 分鐘

大型滑道十分有速度感！

在雪道滑下前，參加者先要把橡皮圈拉至起點，然後等候工作人員的指令才滑下。

除了橡皮圈，也有雪橇提供。

最原始的雪地玩意就是堆雪人，小朋友玩得不亦樂乎。

汝矣島

全首爾最大的百貨公司，樓高 12 層，聚集了各國知名及本土品牌，也有化妝品、運動品等，還有藝文中心、展覽公演場地、室內植物園和多國美食餐廳。位於 5 樓中庭的室內植物園在不同節日有特別的佈置，尤其是聖誕節，韓國人都喜歡去打卡。

商場鄰近地鐵汝矣島站，
是首爾一站式購物熱點。

The Hyundai Seoul

현대백화점 서울

地址	首爾市永登浦區汝矣島路 108（서울시 영등포구 여의도로 108）
營業時間	星期一至四 10:30~20:00、星期五至日 10:30~20:30
休息	每月一日
網址	www.thehyundaiseoul.com
交通方式	地鐵 9 號線汝矣島站 3 號出口步行 5 分鐘，或地鐵 5 號線汝矣渡口站 1 號出口步行 5 分鐘

H&M 旗下極簡生活品牌 ARKET 在此開設亞洲首間分店。走北歐風的 Arket 從簡約服飾到日常用品都跟貼潮流，但又不失實用性。

ARKET 有齊男裝、女裝、童裝及生活家居雜貨。

韓國 MZ 世代喜愛的品牌都可以找到，例如 EMIS、MARITHÉ FRANÇOIS GIRBAUD、THISISNEVERTHAT 等，非常集中。

DOZO Roastery Coffee 於 2023 年 10 月進駐。

男士可逛 Insilence、29CM GALLERY、LEAU、COOR 等。

超人氣必逛服飾店 emis。

Espresso Tiramisu (₩ 5,500)

聖水洞 Frolla 也於 2023 年 11 月進駐現代百貨，是筆者最愛的 Espresso 之一。

지도
MAP

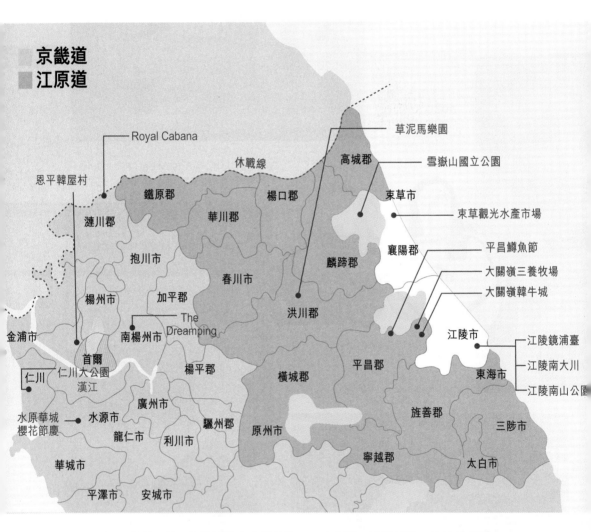

京畿道
江原道

Royal Cabana

休戰線

草泥馬樂園

高城郡

雪嶽山國立公園

恩平韓屋村

鐵原郡

楊口郡

束草市

束草觀光水產市場

漣川郡

華川郡

襄陽郡

平昌鱒魚節

抱川市

麟蹄郡

大關嶺三養牧場

大關嶺韓牛城

楊州市

春川市

加平郡

江陵市

江陵鏡浦臺

金浦市

The Dreamping

洪川郡

江陵南大川

仁川

南楊州市

江陵南山公園

仁川大公園

楊平郡

漢江

平昌郡

東海市

水原華城
櫻花節慶

廣州市

橫城郡

水源市

龍仁市

驪州郡

旌善郡

三陟市

原州市

華城市

利川市

寧越郡

太白市

平澤市

安城市

* 後文提及的首爾林、永登浦汝矣島櫻花節、天空公園、慰禮城路、波拉美公園、
德壽宮、南山公園、N 首爾塔位於首爾市內。

水原市八達門

京畿道 • 江原道

경기도 • 강원도

京畿道包圍着首都首爾，原指保護王宮的王朝圍城。

京畿道被漢江分隔為南、北地區，各有不同自然美景，亦發展出多項戶外活動體驗，例如單車遊、滑翔傘、露營、登山、追楓賞櫻、河畔市集等。在吸收新鮮空氣之餘，也可舒展身心，難怪成為現時韓國人週末最熱門郊遊或輕裝小旅行之選。而位於南部的首府水原市，地標水原華城就被評為聯合國教科文組織世界文化遺產。

往來首爾與京畿道有鐵路、市外巴士及高速巴士直通，最快只需 30 分鐘，而前往國際機場及各道其他地區也非常方便呢！

交通方式

要到韓國其他城市旅行，高速巴士、市外巴士是較便宜的選擇，而且車內也相當舒適整潔，出發時間亦固定。高速巴士和市外巴士客運站大多設在各地市中心，但兩者未必位於同一地點，出發前要先確認。而在綜合巴士客運站則可同時搭乘高速巴士和市外巴士。

高速巴士 分為京釜線及湖南線，以大都市為靠點，主要行駛在兩個都市之間。除了目的地外，幾乎不會停靠其他客運站。分為「一般巴士」以及座位寬敞的「優等巴士」，兩者票價不同。

市外巴士 市外巴士設於首爾南部客運站，主要連接中小型都市，大多會停靠多個客運站。分普通車與直達車，直達車一般會在站牌旁標明「無停車」或是「直達」。而於夜間行駛的「深夜巴士」票價較貴。

KTX 江陵線連接江原道原州與江陵，由仁川機場前往平昌、五台山等地，車程不用兩小時。

恩平區位於首爾北面，往上就是京畿道的楊州市，也在議政府及高陽的附近。該區有首爾近郊最為知名的四大佛教寺院之一津寬寺，內有寺院寄宿館、佛寺素食體驗館和傳統文化體驗館，可多方面體驗韓國佛教文化。此外還有恩平歷史韓屋博物館，可了解恩平區的歷史和韓屋文化。

京畿道

恩平韓屋村

은평한옥마을

地址	首爾市恩平區津寬洞 127-25（서울시 은평구 진관동 127-25）
開放時間	09:00~18:00
休息日	星期一
交通方式	1. 首爾地鐵 3 或 6 號線延新川站 3 號出口，轉乘 701、7211 號巴士至「第一高中 · 津寬寺 · 三千寺入口（하나고 , 진관사 , 삼천사 입구）」下車。
	2. 首爾地鐵 3 號線舊把撥站 4 號出口，轉乘 7723 號巴士至「第一高中 · 津寬寺 · 三千寺入口（하나고 , 진관사 , 삼천사 입구）」下車。

北漢山國立公園共有 21 條行山路段，部分路線因接近軍營，需要事前於網上申請。

附近有不同風格的傳統茶居。

2 樓及 3 樓都有不少露台雅座，更貼近優美景色。

一人一杯的不同樓層設計和風景都不一樣。

地下一層。

195

恩平韓屋村則融合了韓屋的傳統設計及現代建築特色。由於附近是秋遊行山最佳地點之一的北漢山國立公園，所以恩平韓屋村內的咖啡廳及餐廳都有很不錯的風景，全都有落地玻璃窗，透過窗外看去是一片韓屋屋頂和山景，非常寫意，是韓國人的週末好去處。

當中最有人氣的咖啡廳要數這間「一人一杯（1인1잔）」，樓高5層連頂樓，可眺望整個韓屋群及北漢山的景色。

營業時間 1及2樓 10:00~21:00、4及5樓 11:00~20:00
休息日 星期一

三五知己可在這裏坐上一個下午。

也有一些特別的樓中樓設計。

京畿華麗露營

由春天踏入初夏，韓國人都會找不同的旅遊方式：想舒服休息為主的當然不少得好酒店；想感受韓國風當然就是住韓屋；想地道又帶點戶外氣息的就可以來個一年四季都適合的 Glamping trip 了！

其實韓國有好成熟的 Glamping（華麗露營）文化，尤其在疫情期間，大家都不能出國，但又想找個大自然地方輕鬆一下，呼吸新鮮空氣和一解留在家中的悶氣，所以首爾近郊京畿道一帶的 Glamping 場地也發展迅速，特別是南楊州、加平、清平一帶、抱川、近南漢江、漢灘臨津江以至漣川郡，都有大大小小的露營和華麗露營場地，而我也去過好幾個不同的 Glamping，真的很不錯！

京畿道

The Dreamping

地址	京畿道南楊州市和道邑北漢江路 1630-18 錦南里 105-1（경기도 남양주시 화도읍 북한강로 1630-18 금남리 105-1）
網址	http://thedreamping.com/
交通方式	1. 地鐵京春線磨石站，附近有樂天超市，可以作最後採購，再轉乘的士，約 12 分鐘可達，車資約 ₩9,000。
	2. 地鐵京春線磨石站 1 號出口外乘 58 號巴士，於 The Dreamping 巴士站（編號 49025）下車，近錦南三里村會館入口。

晨早的景色。

戶外備有很多座位，可觀賞北漢江的景色。

距離首爾只有 1 小時車程。場內有幾種營地，包括 Vintage Caravan、Dream Stay、Luxury Glamping 和 Auto Camping，最特別是營地面向北漢江，白天可以踏單車或玩水上活動，晚上看星星，是情侶、家庭週末旅行好去處。

大氣好的時候，晚上憑肉眼也可以見到很多星星。

197

Luxuary Glamping 半開放式起居室及獨立燒烤位。

Luxuary Glamping 設獨立起居室，室內設備如洗手間、雪櫃、餐具廚具、電子爐、毛巾、暖毯、暖爐等一應俱全，四季入住皆宜。當然也有共用的浴室、洗手間等。前方的露台可以 BBQ 和煮食，在預訂營地時，可同時預訂燒烤用品及食品。

Vintage Caravan 也有差不多的設備，不過只能使用共用的浴室、洗手間。而喜歡再 Raw 一點的朋友，就可以選擇 Dream Stay 和 Auto Camping。由於其他公共設施和娛樂設施可以共用，所以只需要選擇營地類型就可以了。

Luxury Glamping 的雙人床，床具整潔。

入場用的手帶。

場內的戶外攀石牆。

Vintage Caravan，很多家庭在此享受假期。

Dream Stay。

在露台位置看着北漢江的景色做早餐。

筆者與友人預訂的燒烤餐包括斧頭扒、豬肩肉、香腸、大蝦、生菜及醬料。此外也可以自攜喜歡的食材，不過記得做好垃圾分類。

切件後來個韓式包肉，健康一點。

辣炒年糕拉麵，太好味了。

自製海鮮煎餅非常足料。

韓國人 Glamping BBQ 最愛的斧頭扒。

採購貼士

雖然自駕不論在移動上或前往採購物資都相對方便，但對於使用公共交通工具的旅客也不用擔心，The Dreamping 算是鄰近地鐵站，附近也有不少大型超市。

車站附近的樂天超市。

可購買新鮮生蠔。

Glamping 必備的拉麵。

筆者與韓友人最愛的 Glamping sausage set。

韓國人經常到漢灘臨津江以及漣川一帶 Glamping，在조선왕가 Built In 1807 Museum Hotel 旁邊就是 Royal Cabana 營地。韓國人多數會駕車前往，當然遊客也可以租車自駕，不過就算選乘大眾交通工具，配合其他景點行程也是挺方便的。

營地像處於大樹林中。

Royal Cabana
조선왕가

地址	京畿道漣川郡漣川邑賢門路 339-10（경기도 연천군 연천읍 현문로 339-10）
網址	www.chosun1807.com/default/mo/
交通方式	地鐵 1 號線逍遙山站下車，轉的士乘 15 至 20 分鐘

入住營地者都可以共享營前的大草地。

很多人會在夏天或初秋露營，其實在韓國近郊地區的春天，對香港人和東南亞的朋友來說，可算是「冬天」呢！筆者曾在 4 月前往漣川 Royal Cabana Glamping，晚上下了一場小雨後，氣溫只有個位數字！同時也實測到營內的床鋪真的超級舒服，而且有暖毯，就算晚上的戶外氣溫接近零度，整晚仍感到很和暖（不過走出營外上洗手間又是另一種體驗了）。

營內的基本餐具和用具，以環保為主。

營內的重點——高床軟枕。

華麗露營不可缺少的就是 BBQ ！

跟營地預訂好 BBQ Set，有新鮮豬肉（包括鮮肉腸、厚切五花腩、里肌肉）、新鮮蔬菜，漣川特有的野菜、沙律、小菜、白飯和用漣川大醬造的大醬湯（以保溫壺盛載），加上我們 Check in 前在便利店的補給和當天在山葡萄園釀製的紅酒，這頓晚餐真的是完美！

BBQ Set 二人份。肉類非常新鮮，不加任何調味都很好吃。蔬菜則取自漣川及京畿道地區。

小貼士

一般華麗露營地都有提供基本廚具、餐具、電磁爐、熱水壺等，可以翻熱大醬湯及食物。

漣川獨有的小菜。

BBQ 中。

翌日早飯吃甚麼？

早上起床，按預約好的時間前往朝食會堂。想不到早飯是那麼豐富，先喝暖暖的荷葉茶，再一嚐六小碟小菜、熱湯和拌飯，非常飽足。

暖暖的荷葉茶。

朝食會堂。

小碟小菜、熱湯和拌飯。

華麗露營注意事項

華麗露營與露營有甚麼分別？

露營是我們熟知的 Camping，而華麗露營 Glamping 就是 Glamorous Camping 的意思，設施比較高級和舒適，住宿的地方多設在場地，不過各個 Glamping 營地所提供的設施和服務都不一樣。

事前要做甚麼準備？

入住前先閱讀 Glamping 守則，宜事前作好預備，多了解後體驗會更好。

要準備甚麼行李？

以輕便行裝為主，電筒、蚊怕水等都應準備。因應環保及個別營地特性，注意電力及 WiFi 收訊。

Check in 時要注意甚麼？

建議在日間 Check in，早一點了解營場周邊是否有補給用的便利店。另外最好與營地負責人最少有一個聯絡方式，以便緊急時應用。

Glamping 一般有甚麼設施？

床、暖氣、冷氣機、基本廚具、毛巾、火爐（BBQ 用）、飯桌等。而洗手間則按各營地不同，有些是共用，有些在營內設有私人洗手間。

晚餐想享用 BBQ？

因為 BBQ Set 需時準備，所以在預訂營地時，必須同時預訂 BBQ Set。另外可以再按個人喜好需要，購買食材、飲品或零食（但營地附近未必有便利店或小賣店）。

BBQ 注意事項？

營地周邊多是自然環境，所以每個營地都有固定的燒烤地方，謹記要小心火種及安全。

垃圾處理的方式？

盡量以環保為主，記得做好垃圾分類。

可以抽煙嗎？

營地範圍全是禁煙地帶。

有沒有門禁時間？

沒有門禁時間，但到了晚上 10 時之後，應顧及他人，請將音量收細。

首爾京畿江原春遊

因 2018 年平昌冬季奧運而加速完成的 KTX 江陵線，令來往首爾及京畿江原更加方便快捷。以下嚴選六大首爾京畿江原春遊賞櫻的地方，每一個都別具特色。

賞櫻熱點
01

首爾林
서울숲

地址	首爾市城東區聖水洞 1 街 678-1（서울시 성동구 성수동 1 가 678-1）
交通方式	地鐵盆唐線**首爾林站** 3 號出口，或地下鐵 2 號線**纛島站** 8 號出口

曾經是皇帝狩獵場的首爾林公園，面積達 18 萬坪，是首爾市大規模的生態空間。除了 5 個主題園區，一年四季都有不同美景，尤其是春天（3 至 4 月），櫻花散步路及櫻花園區都是拍照和野餐熱點，是汝矣島公園之外的第二個不錯的選擇。

特點	好好預備的話，可以在櫻花樹下野餐，不過記得要帶走所有物品和垃圾。
建議行程	同在城東區，可以一併安排聖水洞和建大行程。

盛放時都是一個一個粉白色的花球。

首爾林公園的地標。

永登浦汝矣島 櫻花節

영등포 여의도 봄꽃축제

地址	首爾市永登浦區汝矣島公園路 120 （서울시 영등포구 여의공원로 120）
開放時間	24 小時
交通方式	1. 地鐵 9 號線國會議事堂站 6 號出口向漢江方向步行
	2. 地鐵 5 號線汝矣島站 3 號出口往國議會方向步行約 5 分鐘

每年 3 月尾至 4 月初，汝矣島公園輪中路約有近 1600 棵櫻花樹綻放盛開，形成一條長長的櫻花樹隧道，並會舉行永登浦汝矣島櫻花節，有不同的慶典活動供市民遊客參加，包括歌唱大賽、街頭藝術公演嘉年華（VIAF）、花卉馬車巡遊、地區藝術同好會表演等節目，就像園遊會嘉年華般，熱鬧非常！

另外，觀賞夜櫻也是近年興起的活動之一，每到晚上會有特別照明，映照在櫻花上，讓市民平日飯後也可以在櫻花樹下散步，欣賞櫻花的另一番美。

特點 參與櫻花節活動可感受當地人的慶典氣氛，不過要注意封路情況。

建議行程 永登浦多美食，也可到百貨公司 Shopping。

每年春天舉辦的汝矣島櫻花節。

長長的櫻花樹隧道。

韓國傳統民族表演。

櫻花配合特別燈光又是另一種美。

水原華城
櫻花節慶

수원화성벚꽃축제

地址 京畿道水原市八達區正祖路
825（경기도 수원시 팔달구 정조
로 825）

在水原華城沿着古代城廓漫步，邊看
歷史文化和遺跡，邊在大大小小的櫻
花隧道中穿梭，就如韓國歷史劇中的
主角，分外浪漫。

特點 可租借傳統韓服在水原華城
漫步和賞櫻。

建議行程 水原華城可安排大半天行
程，順道一嚐市場的水原炸
雞或水原排骨。

除了水原華城，附近的京畿道
廳都有盛大櫻花慶典，在道廳
附近的 3 段散步路，正是櫻花
節慶的焦點所在。

地址 京畿道水原市八達區
梅山路 3 街 1（경기도
수원시 팔달구 매산로 3
가 1）

交通方式 地鐵 1 號線**水原站**水原
華城旁

江陵南大川

강릉남대천

地址 江原道江陵市城內洞、江南洞、城德洞、浦南洞
一帶（강원도 강릉시 성내동, 강남동, 성덕동, 포남
동 일대）

交通方式 若由江陵高速或市外巴士站出發，可乘 227、
228、101、102、109 或 109-1 號巴士，至「南大
川・江陵橋（남대천・강릉교）」站下車

特點 由於櫻花大道位於車道兩
旁，拍照時請小心交通狀
況，安全至上。

建議行程 周邊有端午公園、江陵端午
文化館、臨瀛館三門官衙遺
跡地等，每年農曆 5 月 5 日
會在此舉辦端午祭，剛好遇
上的話可順道遊覽。

江陵市南邊的南大川，是源於大關嶺與插唐嶺的細
流，交匯於城山面五峰，經江陵市後匯入東海。而這
次發現的櫻花大道秘景，就位於南大川近江陵橋一
段，河畔車道兩邊種滿櫻花樹，每棵都是老樹級，花
冠大而花球細密，組成一片花海。

江陵
鏡浦臺

강릉 경포대

鏡浦臺被指定為地方文化遺產，屋頂採用韓式房屋中最常見的「八作」設計。這裏連同鏡浦湖、江原道立公園、鏡浦海濱並列著名旅遊勝地。

此處也是每年一度鏡浦臺櫻花節（경포대 벚꽃축제）的主要活動場地，整個慶典以鏡浦臺為中心，圍繞着鏡浦湖超過 4 公里的櫻花隧道徐徐展開，吸引當地人及遊客前來觀賞。

除了賞櫻，也有不同文化藝術活動攤位，筆者到訪時，就品嚐了江陵有名的精品咖啡，又試玩了冬奧項目冰壺。留意活動日程，更有機會欣賞到現場表演呢！

地址	江原道江陵市鏡浦路 365 苧洞（강원도 강릉시 경포로 365 저동）
交通方式	1. **市內巴士**：搭乘往鏡浦臺方向的巴士（如 202 號，每 20 分鐘一班，車程約 20 分鐘）至「鏡浦臺・真音博物館站（경포대 . 참소리박물관）」站下車
	2. **的士**：由江陵高速或市外巴士站出發，車程約 10 分鐘，約 ₩5,000
特點	長達 4 公里的櫻花隧道及櫻花慶典。
建議行程	附近的江門海邊有不少海鮮砂鍋美食店。

江陵南山公園

강릉남산공원

地址	江原道江陵市鷺岩洞 737-2（강원도 강릉시 노암동 737-2）
交通方式	乘的士約 8 分鐘，建議於南山公園近南川位置下車（江原道江陵市鷺岩洞 740-5），見長樓梯可直上至五星亭

特點	公園有幾條散步小徑，除了賞花，可加插一小段漫步行程。
建議行程	沿南大川可步行到端午公園及端午文化體驗館。

首爾有南山公園，江陵也有一個南山公園，面積雖然只有首爾的十分之一，但這裏也種滿櫻花樹，是江陵南山櫻花節慶（강릉남산벚꽃축제）的場地，日間或晚上到來賞櫻都很熱鬧，散發着不一樣的美。這裏也是附近小學生、幼稚園學生賞櫻郊遊的必到之處呢！

首爾京畿秋遊

天空公園
하늘공원

地址 首爾市麻浦區上岩洞 481-72（서울
시 마포구 상암동 481-72）

交通方式 地鐵 6 號線**世界盃體育場站** 1 號
出口步行約 30 分鐘

筆者身後是一片波波草紅海。

有沒有想過，韓國的初秋有幾多種顏色
呢？

在紅葉銀杏盛開之前，首爾的天空公園
就已經超級震撼，是粉紅亂子草（핑크
뮬리）、波波草（又名掃把草댑싸리）和
波斯菊（코스모스）的天下，再過 1 至
2 星期，就開着一片紫芒（억새축제），
令整個秋天有着不同色彩。

斑斕的波斯菊小花也很美。

前往天空公園有幾點要注意：
· 最好先吃早餐，再帶上小食、飯
卷、飲品出發，可以在天空公園瘋
狂拍照的中途稍事補充體力。
· 多預留時間在入口處等候買接駁車
的車票（成人來回 ₩3,000），和排
隊上車，筆者當天花了近 1 小時。
· 想拍下美照，陽光很重要，秋天時
分首爾下午 5 時太陽便開始下山。
· 紫芒盛放期約為 10 月尾至 11 月中。
· 10 月中下旬是人氣的粉紅亂子草和
波波草盛放期。

特點 可同時欣賞多種秋天植物。

建議行程 可以到麻浦農水產物市場一嚐
當地新鮮海產。

接駁車車票。

慰禮城路

위례성대로

| 交通方式 | 地鐵 5 號線**奧林匹克公園站**奧林匹克公園南門 2 入口 |

如果想在首爾找一個有無盡黃色的銀杏大路，我其中一個心水地方就是奧林匹克公園南門 2 入口的慰禮城路，幾乎是沒！有！人！

特點 無盡黃色的銀杏大路。

建議行程 可搭配江南或廣津地區的行程。

過馬路時的視覺好震撼！

波拉美公園

보라매공원

銀杏落葉像鋪在路上的金黃色地毯。

特點 與其他公園的紅葉色彩不一樣。

建議行程 可安排銅雀區和汝矣島一帶的行程。

| 地址 | 首爾市銅雀區汝矣大方路 20 街 33（서울시 동작구 여의대방로 20 길 33） |
| 交通方式 | 地鐵 7 號線**波拉美站** 2 號出口 |

波拉美公園的名字並非人人熟悉，但它是每年韓國 99 個推介賞楓名點之一。公園設有多功能運動場、羽球場、攀岩場等運動設施，也有草地、音樂噴泉、兒童遊樂設施等。園內種植不同樹木，而且樹齡高，所以一到秋天，一路上的秋色真的很壯觀！筆者到訪當天已是秋楓期的尾聲，未能看到入口的一段銀杏路雖然感到有點可惜，但看到地上的銀杏葉，幾乎像鋪了一張黃金地毯一樣，別有一番美景。

仁川大公園
인천대공원

地址	仁川南洞區 Munemi 路 238（인천 남동구 무네미로 238）
交通方式	地鐵 1 號線**松內站** 1 號出口，前往巴士站乘 11、16-1、103 或 14-1 巴士前往仁川大公園站（인천대공원）下車

公園中央是湖水公園。

仁川是韓國第二大港口城市，與首爾之間有首都圈鐵路連繫，自己也有仁川都市鐵路，交通非常方便。仁川大公園是我的私房賞楓地，距離首爾約一小時車程，佔地甚廣，分為正門、東門和南門，由松內站乘巴士前往仁川大公園的是正門入口。園內有單車徑、動物園、樹木園、人工湖水公園、大草地等，春天時是當地人賞櫻的熱門地點，冬天則設有雪橇場。

仁川大公園正門入口。

特點 野餐最佳之所。

德壽宮
덕수궁

德壽宮可說是韓國唯一一個融合西洋建築的宮殿，也是大韓帝國最後一個宮殿。每天在大漢門前會舉行三場守門將換崗儀式，旁邊更有免費韓服體驗。

德壽宮是市內賞楓最佳地點之一，連帶宮外的石牆路也是賞楓賞銀杏的好去處。

以秋楓作背景的王宮守門將換崗儀式。

大漢門旁邊有免費韓服體驗。

特點 融合西洋建築的宮殿。

建議行程 可安排一併遊覽明洞或會賢。

地址	首爾市中區世宗大路 99 貞洞（서울시 중구 세종대로 99 정동）
開放時間	09:00~20:00
守門將換崗儀式	11:00~11:30、14:00~14:30、15:30~16:00
休息日	星期一
費用	成人 ￦1,000、小童 ￦800
交通方式	地鐵 1 號線**市廳站** 2 號出口直走 10 米

南山公園、
N 首爾塔

남산공원、 N 서울타워

地址	首爾市龍山區南山公園路 105（서울시용산구남산공원로 105）
開放時間	10:00~23:00
費用	觀景台：13 歲或以上 ₩ 9,000、3 至 12 歲 ₩ 7,000
網址	www.nseoultower.co.kr
交通方式	1. 地鐵 4 號線**明洞站** 4 號出口直走至十字路口，左轉直走 300 米，可到達南山玻璃電梯，再步行前往。 2. 由南山玻璃電梯乘纜車前往。 3. 南山循環巴士（₩ 1,200）

其實有很多方法前往南山公園和 N 首爾塔，不論由東國大學、南大門市場、龍山區首爾站、梨泰院、明洞等均可以徒步前往，不過路段有長有短，如果想用最短行程，邊漫步邊呼吸新鮮空氣，特別於秋天賞楓的話，以明洞站 4 號口出發的路線就最適合不過。

乘南山玻璃電梯後，可步行至南山纜車售票處前行車路的對面，會看到上山木樓梯，徒步前往便可。

沿路是散步路徑，不會有車駛過，比較安全，賞楓時可停留觀賞及拍照。沿途樓梯比較多，但也算是容易行，中後段會見到觀景台，可以俯瞰首爾全景，也可小休。

展望台上有很多愛情鎖，現場均有出售，情侶、朋友都可以把願望寫上，把它扣在展望台吧！

特點 可多角度觀賞首爾市，也是市內賞楓最佳地點之一。

只要跟着指示牌前往即可到達 N 首爾塔。

首爾市全景盡收眼底。

從 N 首爾塔觀景台以另一角度觀賞南山公園。

江原
小旅行

珍富（五台山）站，鄰近
平昌市內 / 龍平。

江原道是韓國人最愛的度假勝地之一，很多韓國明星都喜歡到江原道小休。

當中的平昌郡是滑雪勝地，擁有純淨空氣、自然景觀和大大小小的牧場。

江陵市的正東津、注文津、鏡浦洞及江陵一帶海邊，有不少漫步的好地方。

束草是齊集山、水、溫泉等的城市，旅遊資源豐富，一年四季都是觀光好時節：春天有不同的賞櫻熱點，夏天可以在海水浴場暢泳，秋天登上雪嶽山欣賞紅楓美景，冬天則可以欣賞被飄雪覆蓋的雪嶽山。

還有香港人熟悉的春川和可以玩水上活動的襄陽，對一年去首爾三四次的朋友來說，中間安排一個京畿江原小旅行，一天來回也好，兩天一夜也好，也非常不錯！

除了在東首爾乘坐高速巴士或市外巴士到江原道各城市，也可以使用更快更方便的鐵路。

KTX 江原道部分：江陵線

韓國政府因為平昌冬季奧運，在 2017 年 12 月開通江陵線，連結首爾與江原道，從首爾站出發，沿途停靠清涼里、上鳳、楊平、萬鍾、橫城、屯內、平昌、珍富（五台山國家公園）與江陵。

東首爾綜合巴士客運站（동서울종합터미널）

地址	首爾市廣津區江邊站路 50（九宜洞）（서울시 광진구 강변역로 50（구의동））
網址	https://www.ti21.co.kr
交通方式	地鐵 2 號線江邊站

滑雪酒店 Ramada Resort 提供來往滑雪場、酒店及 KTX 站的 Shuttle bus，非常方便。

兩層閣樓式房型。　　　　　酒店提供豐富自助早餐。

草泥馬樂園是江原道首個以草泥馬為主題的體驗型動物園,遊客可以在大自然的原始美景與溫馴可愛的草泥馬互動,額外付費還能牽着草泥馬一起散步,是情侶和一家大小出遊的好去處。

樂園佔地 11 萬坪,除了一般草泥馬,還可以見到曾演出 SBS《動物農場》、MBC *Haha Land* 等電視節目的天才草泥馬,及韓國最早誕生的草泥馬。場內有很多草飼料自動販賣機,每小杯 ₩ 1,000,可以邊餵飼邊觸摸牠們柔軟的皮毛。

草泥馬樂園
Alpaca World

알파카월드

地址	江原道洪川郡化村面德田峴街 146-155(강원도 홍천군 화촌면 덕밭재길 146-155)
開放時間	10:00~18:00(售票截止 16:30、療癒散步截止 17:00)
休息日	春節及中秋節當天
入場費	₩ 18,000,與草泥馬的療癒散步 ₩ 12,000
網址	www.alpacaworld.co.kr
交通方式	使用洪川巴士站時,乘前往德田齋、豐川方向巴士,於德田齋入口站下車,徒步約 10 分鐘。

草飼料自動販賣機。

場內還有鴕鳥、小馬、兔子、貓頭鷹等動物。

樂園內的單軌小火車,可與動物更近距離接觸。

園內有 Cafe 可作小休,裏面兼售可愛的草泥馬玩偶及精品。

可以觀賞五台山群峰。

三養是韓國著名食品集團，而旗下的三養牧場是**東亞最大的綠色草原**，位於海拔 1,140 米（以東海展望台為止），牧場頂峰的觀景台不僅能將五台山群峰盡收眼底，還可以欣賞日出，每年一度的元旦觀日出活動，都會在展望台舉行。

大草原約佔地 600 萬坪，每年的 5 月至 11 月，羊群在草地上放牧，另外還有乳牛、鴕鳥等。每天有 3 次可以看到放牧情況。風力發電機群也是牧場地標，共有 53 台，為江陵市五萬戶供電。

這裏也是很多**著名韓劇和韓國電影的拍攝地**，如電視劇《鬼怪》中孔劉在無際的雪地上步行的一幕，就是在此拍攝。

大關嶺
三養牧場
Eco Green Campus
에코그린캠퍼스（삼양목장）

牧場頂峰的觀景台。

地址	江原道平昌郡大關嶺面花田陽地街 708-9（大關嶺面）（강원도 평창군 대관령면 꽃밭양지길 708-9（대관령면））
電話	033-335-5044~5
開放時間	（2、10 月）08:30~17:30、（11~1 月）08:30~16:30、（3、4、9 月）08:30~17:00、（5~8 月）08:30~17:30※ 售票時間至閉園前 1 小時為止。
入場費	成人 ₩ 10,000、小童（滿 36 個月以上、國小~高中生）₩ 8,000
網址	www.samyangranch.co.kr
交通方式	橫溪市外巴士站對面有的士站，乘的士前往售票處約 ₩ 13,000 / 20 分鐘

註：5 月至 11 月設牧場循環巴士，全程約 20 分鐘，共有 5 個站，方便到山頂觀景。這段時間以外只能自駕、包車或徒步遊覽。徒步遊覽時間參考：由售票處至東海展望台約 4.5 公里，步行約 1.5 小時。

三養即食麵種類齊全。

동물체험장 정류장
셔틀버스 Shuttle bus Station

超辣雞麵兩倍辣版。

牧場休息所，內設三養超市和小食堂。

除了羊群之外，還有鴕鳥。

三養牧場頂峰。

三養懷舊
零食，只
在牧場超
市有售。

愛辣的朋友最愛的辣雞汁，
加入炒麵或炒飯也滋味及辣
度倍增！

牧場有機牛奶，超級新鮮。

三養手信之選

三養最有名的就是不同口味拉麵和各款零食，
還有牧場新鮮出產的牛奶，在這裏統統可以買
回家或當手信。三養曾經出產一款超辣雞麵，
這邊也有它的原版及兩倍辣版，朋友一見就買
了幾個當手信，送給嗜辣的朋友。同時，這裏
設有食堂，訪客可以即買即食。

跟和牛一樣，韓牛也有不同的產地，例如江原道橫城、濟州、全羅益山等，在江原道想食韓牛，可以到大關嶺韓牛城，或是參加每年 10 月舉辦的橫城韓牛節。

韓牛城分為**牧場直送韓牛超市**和**半自助餐廳**兩部分，可以在超市買韓牛回家或送禮，或是購買後直接在餐廳烤食。

大關嶺韓牛城

대관령한우타운

地址	江原道平昌郡大關嶺面奧林匹克路 38（강원도 평창군 대관령면 올림픽로 38）
電話	033-332-0001
營業時間	11:00~22:00
網址	橫城韓牛節 www.hsg.go.kr
交通方式	由橫溪市外巴士站乘的士約 3 分鐘 / ₩ 3,000，或步行 15 分鐘可達。如由 Alpensia 度假村或龍平度假村前往，乘的士約 12 分鐘 / ₩ 11,000

烤肉食堂。

菜包肉不熱氣，純沾鹽也很好食。

韓牛超市。

超市有不同部位、不同等級的韓牛出售。

超市有不同級數、不同部位的韓牛出售,按等級一包包切好放在雪櫃,而每一份韓牛都會寫上牛隻相關資料,例如部位、級數、出生地、宰割日期等等。另外也有用韓牛製的香腸出售,可以自用或當伴手禮,價錢比外面便宜四成呢!

買了韓牛,就可以到旁邊的半自助餐廳燒烤,只需給人頭費便可以有伴菜、包肉的生菜和紫蘇葉、醬料等,另外也可以點其他餐點,例如筆者最愛的韓牛骨湯。提提你,燒烤時可以自行更換燒烤架,不怕把韓牛烤得黑焦焦的。

只付人頭費 ₩ 4,000
便有齊醃菜、醬料、
包肉生菜等。

1+ 級雪花沙朗牛排,油脂雪花平均。

大關嶺韓牛排骨湯（₩ 10,000）,連白飯,內有多塊
韓牛,味道濃郁。

小知識

國家韓牛組織（NHO）根據雪花密度、肉質及色澤等,分為最高級 1++、1+、1、2 及最低級的 3 等。

河川冰釣江原道鱒魚
── 考膽量徒手抓鱒魚

每年 12 月下旬，京畿道及江原道等地方近河川一帶會有很多冬季慶典，包括韓國人最喜歡去的鱒魚節，由江原道平昌、京畿道加平、京畿道楊平至京畿道清平等均有舉辦。鱒魚節慶典可以玩冰上釣魚、徒手抓鱒魚、傳統雪橇、四輪冰上摩托車等各種活動。筆者去過大大小小有冰釣的冬季慶典，最好玩、又方便安排交通和其他行程的，就是平昌鱒魚節（평창송어축제）了！

江原道

平昌鱒魚節
평창송어축제

地址	江原道平昌郡珍富面京江路 3562（강원도 평창군 진부면 경강로 3562）
網址	www.festival700.or.kr
交通方式	1. 首爾站乘 KTX 江陵線（1 小時 40 分）至珍富站（五臺山站），轉乘的士（約 2.2km）。
	2. 清涼里站乘 KTX 江陵線（1 小時 20 分）至珍富站（五臺山站），轉乘的士（約 2.2km）。
	3. 上鳳站乘 KTX 江陵線（1 小時 10 分）至珍富站（五臺山站），轉乘的士（約 2.2km）。
	4. 東首爾高速巴士站乘巴士至珍富市外巴士站，車費 ₩ 18,700，車程 2 小時 10 分。
	5. 首爾南高速巴士站乘巴士至珍富市外巴士站，車費 ₩ 19,800，車程 2 小時 10 分。

注意：

· 冰釣所需用品有假魚弬（₩ 3,000- ₩ 5,000/ 1 件）、小摺櫈、暖包和腳掌用的暖貼、門票、防滑鞋等，大部分可在現場購買。

· 出發前請先到官網查詢開放時間，因會因應天氣及河面狀況而變更。

大家都在努力地釣鱒魚。

在平昌鱒魚節期間，每天會有兩節徒手抓黃金鱒魚大賽，周末有三場，費用₩20,000，包括短袖 Tee、褲、鞋、單人更衣櫃、毛巾。如成功徒手抓到鱒魚，每人能帶走一條。現場氣氛很熱烈，大家都會為參賽者吶喊加油！

選擇在帳篷內釣魚的，大多是高手。

平昌郡珍富面每到冬季就會舉辦以冰雪、鱒魚與冬季故事為題的平昌鱒魚節。現場除了冰釣鱒魚，還有雪橇等各種活動，讓旅客能盡情感受冬季慶典的樂趣。

鱒魚是屬於鮭科的迴游性魚類，分佈於韓國東海，以及流入東海的部分河川，此外也分佈於北韓、日本、俄羅斯濱海邊疆區。平昌是韓國最大的鱒魚養殖地，以清澈的水培育出的鱒魚肉質柔軟有彈性，相當美味。冰釣鱒魚的樂趣在於即釣即食，於食街加工處理便可，可製成刺身或燒烤，費用也只是₩4,000。如沒有收穫，也可以到餐廳享用鱒魚大餐，包括刺身、烤魚、魚湯、辣魚湯等。

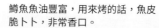

鱒魚魚油豐富，用來烤的話，魚皮脆卜卜，非常香口。

新鮮做成的鱒魚刺身。

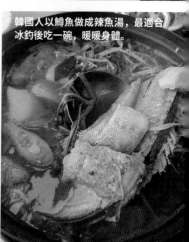

韓國人以鱒魚做成辣魚湯，最適合冰釣後吃一碗，暖暖身體。

Museum Deep Dive 位於龍平渡假村，是江原道平昌的最新**實感影像媒體藝術展示館**。以「進入神秘世界的旅程！」為概念，利用自然要素、幻想、空間和數碼展示的方式，加上感官刺激、光、聲音和氣味來創造身臨其境體驗。

可以觀賞五台山群峰。

江原道 2023 年 7 月
OPEN

Museum Deep Dive
뮤지엄 딥다이브

地址	江原道平昌郡大官嶺面奧林匹克路 787（강원도 평창군 대관령면 올림픽로 787）
開放時間	10:00~19:00（最後入場 18:00），夏季 / 冬季 10:00~21:00（最後入場時間 20:00）
費用	成人 ₩ 18,000、小童 ₩ 11,000
網址	www.museumdeepdive.co.kr（查閱最新開放時間）
交通方式	從發王山觀光吊車（발왕산 관광 케이블카）站步行 900 米

Resting Forest。

Lightholic。

Flash。

Air Tram。

全館共設 12 個主題,包括 Flash、Blossom、Motion Canvas、Magic Stone、Spoon、Deep Ocean、Secret、Resting Forest、Water Fall、Lightholic、Air Tram、Mother Nature。這種沉浸式媒體藝術展覽加入了不少互動部分,為免破壞參觀時的真實感受,筆者只節錄少量參考畫面。

Secret。

小食店提供雪糕、咖啡等。

Water Fall。

展館設有小食店及休憩區。

不滑雪的可以到雪橇場玩。

Alpensia 渡假村被譽為「亞洲的阿爾卑斯山」，主要分為三個部分：洲際 Alpensia 平昌渡假村、Holiday Inn Alpensia 平昌渡假村及 Holiday Inn Alpensia 平昌套房旅館。

Alpensia
渡假村
알펜시아 리조트

地址	江原道平昌郡大關嶺面率峰路 325（강원도 평창군 대관령면 솔봉로 325）
網址	www.alpensiaresort.co.kr
交通方式	① 預約由首爾直達渡假村的巴士，每日一班。上車地點：明洞 / 狎鷗亭 / 綜合運動場。明洞出發單程 ₩ 20,000，其他價錢、上落車地點及預約：https://kdtour.rideus.net/en/kdtour/
	② 搭乘由機場至渡假村的直通巴士，班次會因應雪季及非雪季而異。單程 ₩ 42,000，預約：https://alpensia.rideus.net/en/alpensia/page/alpensia-timetable。

這裏是 2018 年冬季奧運及 2024 年冬季青年奧林匹克運動會主辦場地之一。

Holiday Inn Alpensia 平昌渡假村設有多種房型。

大人小朋友都可以玩雪橇，分單人或 2 人同乘。

設施門票分次數購買。

一家大小或者一班朋友的，推薦入住
Holiday Inn Alpensia 平昌套房旅館。

渡假村內的設施有酒店、水上樂園、滑雪場、高爾夫球場及滑雪場等，更特別的是還設有滑雪跳塔、單軌列車、越野滑雪場與射擊場。其他也有體育場、天空酒廊、演唱會廳、生態學習園區和購物街等，設施多樣，能滿足不同住客的需要。每年十一月至二月是滑雪高峰期，很多人參與的 International SkiCamp 就在此舉行。如欲滑雪，可以自由行，也可以參加一天團、滑雪旅行團或 Ski Camp；如果只想玩雪橇，也可以在雪橇場玩個夠！

兩房兩廳兩浴室型，包括床房及榻榻米房。

有廚房夠方便。

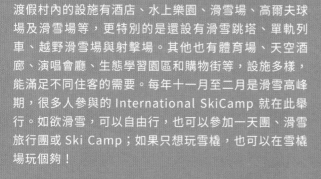

也可以選擇入住龍平渡假村，兩地只距 5 至 10 分鐘車程。

渡假村設有 Shuttle bus 前往
KTX 珍富站。

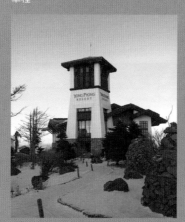

由露台外望的景色。

束草觀光水產市場是個綜合市場,除了供當地居民日常買菜和生活用品外,也屬觀光市場。這裏有售束草著名的竹蟹,也供應在鄰近海域捕獲的各種新鮮海產、漁穫乾貨,還有炸雞、炸蝦、蕎麥餅、釀原隻魷魚、魷魚小煎餅等,所以很多人會專門來這裏吃束草的街頭小食。

束草觀光
水產市場
속초관광수산시장

地址　江原道束草市中央路 147 街 16
（강원도 속초시 중앙로 147 번길 16）

交通方式
1. 於束草市外巴士站,搭乘 9-1、7-1、7、1、1-1、1-2、3、3-1、9、19、77 或 88 號巴士,至「觀光水產市場（관광수산시장）」,車程約 8 分鐘。
2. 於束草高速巴士客運站搭乘 9-1、7-1、9、7、1、1-1、1-2、9-2、13-1、13-2、15、16、18、19 或 22 號巴士,至「觀光水產市場（관광수산시장）」,車程約 8 分鐘。

釀原隻魷魚,做法每家都有點不一樣,主要都是用韓國粉絲,再加上一些材料釀滿原隻魷魚,然後蒸熟。吃的時候大多會先切片,再蘸上薄薄麵粉和蛋液,做成小煎餅。

幾乎每個人來到束草都會到訪萬石炸雞，買一盒立即食，一盒當手信。筆者親身經歷，在束草回首爾的高速巴士上，頭頂行李架幾乎都是一盒盒萬石炸雞。

高粱煎餅、蕎麥煎餅。

到束草觀光水產市場就是要**吃新鮮**。束草海鮮大多來自束明港、大浦港等東海海港。市場地下層是水產熟食中心，有海鮮檔家兼食堂，可以自購海鮮請老闆處理，或者按人均價格由老闆決定菜式亦可。筆者試過與朋友二人同行，每人花費 ₩ 20,000，老闆就為我們設計了以下菜單：一條比目魚、一條小石斑魚（刺身、辣魚湯兩食）、魷魚刺身、海菠蘿刺身，還有伴菜包括蒸海參、蒸海蝦、泡菜和新鮮蔬菜等。

杯杯雞，有小杯、中杯及不同口味可選，是類似萬石炸雞的小雞塊，方便一人遊的旅客淺嚐。

束草獨有的手工啤酒。

新鮮海鮮和多款海鮮魚醬。

안녕하세요!

首爾

旅遊 新 情報

2024~25 最新版

著者
Joyce Cheuk

責任編輯
蘇慧怡

裝幀設計
鍾啟善

排版
鍾啟善 · 辛紅梅

出版者
知出版社
香港北角英皇道 499 號北角工業大廈 20 樓
電話：2564 7511　　傳真：2565 5539
電郵：info@wanlibk.com
網址：http://www.wanlibk.com
　　　http://www.facebook.com/wanlibk

發行者
香港聯合書刊物流有限公司
香港荃灣德士古道 220-248 號荃灣工業中心 16 樓
電話：2150 2100　　傳真：2407 3062
電郵：info@suplogistics.com.hk
網址：http://www.suplogistics.com.hk

承印者
美雅印刷製本有限公司
香港九龍觀塘榮業街 6 號海濱工業大廈 4 樓 A 室

出版日期
二〇二四年四月第一次印刷

規格
16 開（240 mm × 170 mm）

ISBN 978-962-14-7510-7